. . . und alle wurden satt

Vom Brot und anderen Lebens-Mitteln

Herausgegeben und eingeleitet von
Sigrid und Horst Klaus Berg

Kösel/Calwer

Biblische Texte verfremdet Band 7
Herausgegeben und eingeleitet von Sigrid und Horst Klaus Berg

CIP-Kurztitelaufnahme der Deutschen Bibliothek

... und alle wurden satt : vom Brot u.a.
Lebens-Mitteln / hrsg. u. eingel. von Sigrid u.
Horst Klaus Berg. – München : Kösel ;
Stuttgart : Calwer Verlag, 1987.
(Biblische Texte verfremdet ; Bd. 7)
ISBN 3-466-36372-1 (Kösel)
ISBN 3-7668-0830-3 (Calwer Verl.)
NE: Berg, Sigrid [Hrsg.]

Satz: Kösel, Kempten. Druck und Bindung: Röck, Weinsberg.
Umschlag: Günther Oberhauser, unter Verwendung des Bildes
»Homer«, 1933, von Alexej Jawlensky. Kunsthalle in Emden.

ISBN 3-466-36372-1 (Kösel)
ISBN 3-7668-0830-3 (Calwer)

INHALT

EINFÜHRUNG

„Gute Nachricht" – so kann man den aus dem Griechischen stammenden Begriff „Evangelium" übersetzen. Tatsächlich hat das Wort in biblischer Zeit immer wieder Menschen als „Nachricht" erreicht, als Neuigkeit, die Jubel auslöste oder auch Entsetzen, Trost gab oder zum neuen Aufbruch antrieb. Was ist davon geblieben?
Die immer gleichen Bibeltexte ziehen an uns vorüber: als Perikope im Gottesdienst, als vorgegebener Schriftabschnitt in der täglichen Lesung, als Stoff im Religionsunterricht. Dadurch kommt es zu einem fatalen Gewöhnungseffekt; „over-familiar" nennt man im Englischen ein Verhältnis, in dem übergroße Vertrautheit eine wirkliche Begegnung nicht mehr aufkommen läßt. Das allzu Bekannte erkennen wir nicht mehr. Aber nicht nur Gewöhnung ist die Gefahr, sondern auch, daß wir die biblische Botschaft nach unseren Bedürfnissen zurechtmachen. Aus dem Feuer des Wortes wird nur allzu leicht die Warmhalteplatte bürgerlich-religiöser Behaglichkeit. Wir müssen die Vertrautheit aufheben, damit die Bibel wieder frag-würdig wird.
Eine wichtige Methode ist die Verfremdung. Die Bände „Biblische Texte verfremdet" bieten dafür viele Beispiele und Anregungen.

Drei Schritte zum Verstehen

Wer sich mit Verfremdungen beschäftigt, sieht sich mit Texten oder Bildern konfrontiert, die Aufmerksamkeit erregen und zur Auseinandersetzung provozieren wollen. Um genauer zu klären, was bei dieser Auseinandersetzung geschieht, wollen wir den Verstehensprozeß einmal schrittweise darstellen, auch wenn er beim praktischen Umgang mit Verfremdungen sicher oft ganz anders verläuft.
Wir setzen nicht bei der fertigen Verfremdung ein; diese gewinnt ja ihr eigenes Profil erst durch die Spannung zum Bibeltext, mit dem sie kritisch umgeht. Darum fragen wir in einem *1. Schritt* nach der ursprünglichen Botschaft der biblischen Überlieferung, die den

Verfremdungen des Bandes zugrunde liegt. – Sodann prüfen wir in einem 2. *Schritt,* welche Barrieren, Mißverständnisse, Gewohnheiten sich heute zwischen uns und die biblischen Texte geschoben haben. Können wir die überkommene Botschaft noch aufnehmen? – Schließlich untersuchen wir, mit welchen Absichten und Methoden sich heute Schriftsteller und Künstler verfremdend mit diesen Texten auseinandersetzen *(3. Schritt)*. Das werden wir an Beispielen aus diesem Band erläutern. (Eine ausführliche Darstellung der Grundsätze und Verfahren bietet Band 1 an. Er enthält außerdem Vorschläge und Modelle zum Einsatz von Bibelverfremdungen in Religionsunterricht und Gemeindearbeit sowie Anleitungen zu eigenen Verfremdungsversuchen. Die Einleitungen zu den einzelnen Bänden können nur eine knappe Zusammenfassung anbieten; diese verwenden bei den Ausführungen über die Bedeutung der Verfremdung teilweise den gleichen Text).
Vorab gehen wir noch kurz auf die Frage ein: Wie kommt eigentlich eine Verfremdung zustande? Wir können dabei grundsätzlich zwei Wege unterscheiden: Einmal entstehen Texte im geplanten Gegenüber zu einer bestimmten Bibelstelle oder einem größeren Überlieferungszusammenhang; als Beispiele aus diesem Band können wir 7.1, 7.14, 7.15, 7.17, 7.23 und viele andere notieren. Der andere Weg ist, daß im nachhinein zur biblischen Vorlage passende Texte und Bilder gesucht werden, die die Quelle erweitern, vertiefen, ihr widersprechen usw. Hier wären als Beispiele 7.2–7.4, 7.12, 7.19, 7.32, 7.45 u. a. zu nennen. Kriterium ist in beiden Fällen nicht, ob eine Verfremdung das biblische Gegenstück textgetreu wiedergibt, sondern ob deren Stoßrichtung aufgenommen wurde; das kann im Einzelfall durchaus bedeuten, daß der neue Text der biblischen Quelle radikal widerspricht – dann nämlich, wenn deren Aussage durch Abnutzung so selbstverständlich geworden ist, daß sie uns nicht mehr als Botschaft erreicht; als Beispiele notieren wir: 7.3, 7.12, 7.19, 7.25, 7.28 u. a.

1. Schritt: Die Botschaft der biblischen Texte

Von Anfang an steht für die Bibel fest: Gott gibt dem Menschen nicht nur das Leben, sondern auch den Lebensraum und die Nahrung, die er zur Erhaltung des Lebens braucht (z. B. Gen 2,8 ff.).

Letztlich ist ja auch die Rettung aus Ägypten, die Einweisung in das Gute Land, nichts anderes als die Befreiung vom harten Daseinskampf des Nomaden.
Im Alten Testament sind vier Merkmale dieses Vorgangs besonders wichtig:
Die Glaubensorientierung: Von Jahwes Seite aus ist »Brot« das Symbol umfassender fürsorglicher Zuwendung zu seinen Menschen. Auf der Seite des Menschen entsprechen dieser Zuwendung Vertrauen und Dank – dies aber nicht als geschuldete Gehorsamspflicht, sondern als die gute Lebenssicht, die Hoffnungsperspektive.
Die Gemeinschaftsorientierung: „Brot" ist immer Gabe für alle, keiner soll bevorzugt, keiner benachteiligt sein. Kriterium ist stets, was einer zum Leben braucht. Wenn es immer wieder heißt, daß der Herr „alle" sättigt (z. B. Ps 145,15 f.), dann kommt darin wohl nicht nur die umfassende Güte Gottes zur Sprache, sondern auch der Anspruch, daß wirklich alle satt werden sollen.
Der Verweischarakter: Die biblische Rede vom Brot weist eigentlich immer über sich hinaus: Brot ist nicht alles. Gott hält immer noch eine Mit-Gift bereit. Er bietet Brot *und* Gerechtigkeit an, Manna *und* Freiheit, Milch *und* Liebe, Erntesegen *und* gelungenes Leben in der Gemeinschaft.
Die Zukunftsorientierung: Oft übersteigt die Zuwendung des Lebens-Mittels das, was in der gegebenen Situation nötig oder möglich ist: Das Gute Land ist ein Ort, „wo Milch und Honig fließt" – in der Wüste speist Jahwe sein Volk in aussichtsloser Lage wunderbar mit Manna und Wachteln (Ex 16 u. ö.). Dieser Über-Fluß weist auf eine Fülle und Vollendung hin, die die Gegenwart übersteigt und über sie hinaus in die Zukunft blickt.
Das Neue Testament nimmt diese Linien auf und führt insbesondere den Zukunfts- und Hoffnungsaspekt weiter: Wenn Jesus die Vielen sättigt, ist das ein Zeichen der Gottesherrschaft (vgl. 7.1–7.9); das „Essen und Trinken mit den Zöllnern und Sündern" ist ein intensiver Ausruck der vorbehaltlosen Gemeinschaft; das letzte Mahl mit seinen Jüngern vergegenwärtigt die Christusgeschichte und weist auf das endzeitliche messianische Freudenmahl hin (vgl. 7.48–7.52).
Allerdings ist auch im Neuen Testament schon eine problematische Tendenz zu beobachten, die reale, leibliche Zuwendung Gottes

zugunsten eines „geistlichen“ Verständnisses zurückzudrängen: Aus den „Hungernden“, denen Jesus Gottes Hilfe zusagt (Lk 6,21) werden bei Matthäus die, die „nach Gerechtigkeit hungern und dürsten“ (Mt 5,6), und das Manna des Wüstenzugs verwandelt sich in das ewige Brot, das Christus selbst ist (Joh 6,49ff.) oder das „verborgene Manna“ der Endzeit (Offb 2,17–vgl. 7.15) – eine Tendenz, die sich offenbar auch im Leben der ersten Gemeinden teilweise so auswirkte, daß beim Herrenmahl nur noch die „geistliche Speise“ von Bedeutung war, während die liebevolle Sorge für das hungrige Gemeindemitglied vergessen wurde; dies zeigt der berühmte Konflikt in Korinth (1 Kor 11,17ff.).

Die drei genannten Aspekte von „Brot“ bieten nun auch vielfache Anlässe für Mißverständnisse und Mißbrauch.

Wo das Vertrauen auf Gottes Fürsorge schwindet, treten Ängstlichkeit und Sorge an seine Stelle; die Menschen fangen an, sich selbst zu sichern, weil sie Gott nichts mehr zutrauen. Das ist die Pointe der tiefsinnigen Manna-Geschichte in Ex 16 (vgl. 7.14–7.17). Diese Einstellung will die Erzählung kritisieren und gleichzeitig zeigen, wohin sie führt: die Speise verdirbt, aber gleichzeitig auch der Mensch, weil er die Vertrauensdimension verliert (das will der Text 7.17 mit dem Wortspiel „es verdirbt ihnen – es verdirbt sie“ andeuten). – Gleichzeitig verschwindet die Gemeinschaftsorientierung: die Reden der Propheten sind voll von Anklagen gegen diejenigen, die nur für sich, ihr Auskommen und ihren Überfluß sorgen und das auf Kosten der Besitzlosen. – Schließlich geht auch der Verweischarakter verloren: Wer nur noch seine Befriedigung im „Haben“ findet, verliert den Blick für die Mit-Gift, für die Fülle der guten Lebensmöglichkeiten, die Gott bereithält.

Das Neue Testament hat diese Probleme größtenteils scharf pointiert und radikalisiert. Insbesondere das Lukasevangelium erkennt die Gefahren des Haben-Wollens, das sich vom Vertrauen auf den gütigen Geber des Brots schon weit entfernt hat: Der reiche Bauer steht für alle, die über dem Zusammenraffen und Absichern des Besitzes vergessen, was wirklich Bestand hat (Lk 12,16–21; vgl. 7,39–7.42); der reiche Mann verliert aus den Augen, was wirklich wichtig ist, und verspielt alles (Lk 9,23–26; vgl. 7.36–7.38). Und wer nichts anderes mehr tut, als sich um die künftige Lebenssicherung zu sorgen, hat das Vertrauen verloren (Matth 6,25–30; vgl. 7.18–7.22).

So kreuzen sich im Alten und Neuen Testament zwei Linien: Die eine bezieht sich auf die Zusage, daß Gott die Menschen nicht verkommen läßt, ihnen alles anbietet, was sie zum Leben brauchen; „Brot“ bezeichnet die elementare Lebenssicherung, weist aber auf die Fülle der Lebensmöglichkeiten in Gegenwart und Zukunft hin. – Die andere Linie bezieht sich auf die Warnung, Broterwerb und Lebenssicherung vom Grund-Vertrauen auf Gottes Fürsorge abzukoppeln, weil es dann zur Fixierung auf das Habenwollen kommt, zur Existenzangst und zum Verlust der umfassenden Lebenschancen, die uns zugedacht sind.

2. Schritt: Wie nehmen wir heute die biblische Überlieferung wahr?

Die Aufnahme der biblischen Tradition zum Thema „Lebenssicherung“ ist verwirrend widersprüchlich: Auf der einen Seite haben wir es mit einer verhältnismäßig problemlosen Zustimmung zu Broterwerb und Eigentum zu tun, die – wohl auch gefördert durch die Erfahrung von Verlust und Wiederaufbau in den Kriegs- und Nachkriegsjahren – Fortschritt und Wohlstand als Segen Gottes akzeptieren mag. Andererseits wächst die Sensibilität dafür, daß dieser Segen nicht nur von Gott kommt, sondern auch zu Lasten der Unterprivilegierten, der Ausgebeuteten hierzulande und vor allem in der Dritten Welt zustandekam. Und auch die Erfahrung, daß „Haben“ das Leben vergiften, „Fortschritt“ Zerstörung der Lebensverhältnisse einschließen können, hat den ungebrochenen Optimismus wohltuend verunsichert, bringt die Frage nach dem, was wir wirklich zum Leben brauchen, neu ins Spiel.
Wieder anders stellt sich eine Sicht des Christseins dar, die die leibliche Realität zugunsten vermeintlich „geistlicher“ Werte verachtet; sie drückt sich beispielsweise in der ständig wiederholten Parole aus, christliches Zeugnis habe es – im Gegensatz zur Entwicklungshilfe – nicht zuerst mit dem „Wohl“, sondern mit dem „Heil“ der Menschen in der Dritten Welt zu tun. Diese Ansicht übersieht hochmütig, daß die Grund-Zusage des biblischen Gottes die der Sättigung, des guten Lebens im versprochenen Land ist.

3. Schritt: Wie gehen Verfremdungen auf diese Situation ein?

Neue Sprachformen heben die übergroße Vertrautheit auf

Zunächst einmal geht es in den Verfremdungen darum, die eingespielten Wahrnehmungsgewohnheiten des heutigen Lesers oder Hörers zu stören, dafür zu sorgen, daß das allzu Bekannte in neuem Licht erscheint. Dabei stützen sie sich auf die Verfremdungstheorie von Bertolt Brecht, die dieser im Blick auf die Erneuerung des Theaters entwickelte („V-Effekt“). Brecht beschreibt den geplanten Vorgang so: „Der V-Effekt besteht darin, daß das Ding, ... auf welches das Augenmerk gerichtet werden soll, aus einem gewöhnlichen, bekannten ... Ding zu einem besonderen, auffälligen, unerwarteten Ding gemacht wird (Schriften zum Theater, Werkausgabe Band 15, Frankfurt 1967, S. 355).
Wie kann diese Wirkung erzielt werden?
Vor allem durch Aufbrechen der bisherigen Sprachformen. Wenn sich beispielsweise längere Bibeltexte auf wenige Zeilen verdichten, dann wird nicht nur die Aufmerksamkeit des Lesers geweckt, sondern auch die Pointe des Textes scharf zugespitzt (z. B. 7.8, 7.18, 7.27). Eine interessante Formveränderung ist auch die Textkombination: In 7.15 beispielsweise wird durch Kurz-Zitate der Weg der Manna-Tradition durch Bibel und Frömmigkeitsgeschichte andeutungsweise verfolgt; daran zeigt sich recht deutlich, wie die alte Überlieferung immer mehr an Realität verliert. – Wenn ein Autor eine biblische Erzählung in eine ganz andere Sprachgestalt umformt, kann ihre Botschaft neu zur Sprache kommen, wie das Beispiel 7.41 belegt: In der märchenhaften Sprache gewinnt das Motiv des Herzens, das im Goldschatz gefangen ist, eine bezwingende Symbolik. – Hervorzuheben ist auch noch die Verfremdungsmethode der Fortschreibung: Aus dem sprachlichen und inhaltlichen Duktus der Vorlage wächst die Überlieferung in die Gegenwart hinein und gewinnt wie selbstverständlich neue Aktualität; Beispiele: 7.1, 7.17.
Eine ganz eigene Sprache der Verfremdung hat die bildende Kunst. Eine ernstzunehmende Auseinandersetzung mit einem biblischen Inhalt will ja nicht ein vorgegebenes Thema illustrieren oder veranschaulichen, sondern sucht die eigene Perspektive. So bieten oft

Kunstwerke im Zusammenhang mit biblischen Texten ganz überraschend neue Ansichten, die das Verstehen vertiefen.

Neue Perspektiven heben die Gewöhnung auf

Traditionellerweise nehmen wir die biblischen Texte in fest bestimmten Räumen und Zeiten wahr; ihr Ort ist die biblische Geschichte des Alten und Neuen Testaments – weit entfernt von unserer Lebenswelt. Die meisten Verfremdungen strengen sich an, diese Vertrautheit aufzuheben und gleichzeitig den Abstand zu verringern, z. B. durch eine entsprechende Veränderung der Raum- oder Zeitperspektive. In unsere Gegenwart verlegen eigentlich alle den Handlungsort; deutlich zeigt sich die Verfremdung bei Texten und Bildern aus der dritten Welt (7.11, 7.13, 7.26, 7.48, 7.50).
Ein interessanter Perspektivenwechsel liegt auch in 7.9 vor: Der Autor geht davon aus, daß in unserer Lebenswelt der Mangel an Nahrung nicht so gravierend in Erscheinung tritt wie der Mangel an Zeit; die „wunderbare Zeitvermehrung" versetzt den Bibeltext nicht nur formal in unsere Zeit, sondern bezieht ihn intensiv auf unsere Mängel und Bedürfnisse. Eine viel radikaler formulierte Veränderung der Perspektive lassen einige andere Texte erkennen: Wenn „der arme Lazarus" aus der Perspektive des Rassehundes geschildert wird, der dem Reichen gehört, konfrontiert uns der Text mit unseren eigenen gewohnten Maßstäben (7.34). Oder wenn der „reiche Jüngling" aufgefordert wird, nicht nur seinen Besitz zu verkaufen, sondern auch „Hoffnungslosigkeit – Rassismus – Angst – den Panzer der Seele . . ." (7.24), dann wird erschreckend klar, welche Zerstörung die „Haben-Perspektive" anrichtet.

Provokationen brechen erstarrte Wahrnehmungsmuster auf

Oft werden Verfremdungen biblischer Texte als Provokationen empfunden, als Angriffe auf den eigenen Glauben oder sogar auf grundlegende Wahrheiten: Ist es denn nicht ein Zeichen von Unglauben, wenn ein Text feststellt: Die Brotvermehrung findet heute nicht mehr statt (7.3)? – Oder darf eine Verfremdung so weit gehen, daß sie Gott selbst seine Nahrung im Müll der Elendsviertel suchen läßt

(7.13)? – Oder müssen wir uns mit der Oberflächlichkeit der „Satten“ identifizieren, denen in satirischem Text und Karikatur der Spiegel vorgehalten wird (7.19, 7.20, 7.25)?
Mit solchen Fragen lassen sich Provokationen leicht abwehren; aber sie übersehen, daß in aller Regel nicht die Bibel selbst angegriffen wird, sondern ihr Mißbrauch, nicht der Glaube an Gott, sondern der Aberglaube an den „Gott Bauch“ (7.32)!
Solche Texte und Bilder wollen erstarrte Gewohnheiten entlarven und gleichzeitig zur neuen Begegnung mit der biblischen Botschaft herauslocken – nichts anderes heißt ja provozieren. Das sollten wir im Auge behalten, wenn wir uns provoziert fühlen.

Aufdecken des revolutionären Gehalts gibt der Botschaft ihre Dynamik zurück

Biblische Texte be-treffen uns, wenn sie uns treffen, das heißt, wenn sie selbstverständliche Denkmuster und Verhaltensnormen radikal in Frage stellen. Die „Umwertung aller Werte“ bringt beispielsweise der „Chor der Getreide-Grossisten“ (7.2) zum Ausdruck: Wir haben uns daran gewöhnt, daß Nahrungsüberschüsse die Wirtschaft stören und darum oft „aus dem Markt genommen werden“. Der Text entlarvt diese Denk-Weise als egoistisch und gegen Gottes Absichten. Auch die kurzen provokatorischen Zeilen 7.44 stellen fest, daß wir in unserer Welt, in der allein das Haben etwas gilt, zugrunde gehen.

Die Verfremdungen motivieren uns, „Täter des Wortes“ zu werden

Immer wieder unterstreichen die Verfremdungen, daß das Vertrauen in Gottes wunderbare Fürsorge nicht passiv macht, sondern aktivieren will. Im Gegenteil: Wer für die Gabe des Brotes dankt, ohne den hungernden Mitmenschen im Auge zu behalten, verweigert Gott die Ehre. (Dies „faule Loben“ wurde vor allem in Band 5 bedacht, vgl. z. B., 5.47–5.49 zu Psalm 145!) Die Fürsorge Gottes wird konkret, indem wir teilen (z. B. 7.1, 7.11 u. ö.!). Es ist die Hoffnung der Autoren, daß ihre Leser zu Gebern werden und „daß ein Geber den anderen ansteckt“ (vgl. 7.1).
Wir sind am Ende unseres Rundgangs durch die Verfremdungen

dieses Bandes. Die Texte und Bilder möchten neu sensibilisieren für die Gabe des Brots: Brot ist elementare Lebenssicherung und gleichzeitig ein starkes Symbol für die Fülle dessen, was Gott seinen Menschen zugedacht und anvertraut hat. Christus ist „Brot in unsere Hand“, damit wir satt werden und damit wir selbst Brot werden (7.52).

13 Als es aber Jesus gehört hatte, zog er sich von dort zu
Schiff abseits an einen öden Ort zurück. Und die Volks-
menge folgte ihm, als sie es hörte, aus den Städten zu Fuß
nach. 14 Und beim Aussteigen sah er viel Volk, und er
fühlte Erbarmen mit ihnen und heilte ihre Kranken. 15 Als
es aber Abend geworden war, traten die Jünger zu ihm
und sagten: Der Ort ist öde und die Zeit ist schon
vorüber. Entlaß nun die Volksmenge, damit sie in die
Ortschaften gehen und sich Speise kaufen. 16 Doch Jesus
sprach zu ihnen: Sie brauchen nicht fortzugehen. Gebet
ihr ihnen zu essen! 17 Sie aber sagten zu ihm: Wir haben
nichts hier als fünf Brote und zwei Fische. 18 Da sprach
er: Bringet sie mir her! 19 Und er hieß die Volksmenge
sich ins Gras lagern, nahm die fünf Brote und die zwei
Fische, blickte zum Himmel auf, sprach das Dankgebet
darüber und brach und gab den Jüngern die Brote, die
Jünger aber [gaben sie] der Volksmenge. 20 Und alle
aßen und wurden satt. Und sie hoben auf, was an
Brocken übrigblieb, zwölf Körbe voll. 21 Die aber geges-
sen hatten, waren etwa fünftausend Männer, ohne die
Frauen und Kinder.

Matthäus 14,13–21

7.1

als er sie alle sah
hatte er mitleid
und dachte ▸
die brauchen jetzt was zu essen
wenn ich sie gehen lasse
werden sie auf dem weg
zusammenbrechen
sie werden nicht satt
von bloßer hoffnung
von bloßen worten
und als er stockte
und schwieg
da riefen einige vorne
erzähl weiter
ja erzähl weiter
schrien andere

aber jesus fragte einen seiner freunde
wie kriegen wir die satt
philippus
der früher bevor er mit jesus zog
ein lebensmittelgeschäft gehabt hatte
sagte
brot für 1000 mark reicht nicht aus
für so viele
aber woher nehmen
aus der luft
und andreas
ein anderer seiner freunde sagte
da ist ein kind
ein junge
der hat in seinem netz

fünf brötchen und zwei fische
aber andreas fügte gleich hinzu
das ist soviel wie nichts

und jesus sagte
wo ist der junge
wenn jeder gibt was er hat
dann werden alle satt
und da kam der junge auch schon
jesus schaute den jungen an
der strahlte vor freude
er war von weither gekommen
jesus zu sehen und zu hören
jesus sagte zu ihm
wie heißt du
er sagte
salomon heiße ich
und jesus darauf ▸
salomon
willst du deine brötchen
und deine fische abgeben
daß alle was bekommen
und ohne zu antworten
gab der junge jesus die brötchen
und die fische
und da hatte jesus
ein brötchen in der hand
und brach es in viele stücke
dann rief er
wer hat ganz viel hunger
der komme
und da kamen einige
kinder und alte
mit schwarzen rändern unter den augen
mit bleichen gesichtern
der hunger schaute ihnen aus den augen

und dann kamen immer mehr
aber o wunder
es kamen auch immer mehr
die auch was mithatten
und jetzt vorne bei jesus abgaben
brote und fische und ziegenkäse
und auch zu trinken hatten einige mit
und jesus und seine freunde
hatten alle hände voll zu tun
zu brechen und zu verteilen
ein geber steckte den *anderen* an
brotvermehrung . . .

brotvermehrung
ging es durch die menge
jesus war zum mittelpunkt geworden
und viele fragten
wo kommt denn das brot her
da kamen einige reiche amerikaner
farmer fabrikanten
der liebe gott weiß
woher die das so schnell erfahren hatten
die kamen mit schiffen und lastern
und flugzeugen
und brachten lebensmittel
die sie sonst vernichtet hätten
um die preise hochzuhalten
jetzt kamen sie
und halfen bei der brotvermehrung
mitten in der wüste
es entstand bald
wer weiß wie schnell
eine weltwirtschaftsgemeinschaft
und es passierte
ein wunder nach dem anderen
die deutschen kamen die franzosen

die japaner die engländer die chinesen
die russen
und die südamerikaner und australier
sie alle brachten was sie hatten
es wurde geteilt und verteilt
es wurde geplant und überlegt
wie die brotvermehrung
weitergehen könne
bis an die grenzen der erde
und kein mensch wagte mehr zu sagen
die erde sei bald am ende
und es drohe
eine weltweite hungerkatastrophe

jesus wurde zum herzen der welt
überall hörte man
seine liebenswürdige stimme
die fragte
wer hat noch hunger
wer ist noch nicht satt
und immer wurde geteilt und verteilt
und alle sagten
wenn jeder gibt was er hat
dann werden alle satt
ja da sieht man's
wenn jeder gibt was er hat
dann werden alle satt

jesus hatte die erde im auge
die ganze erde
nicht nur teile
nicht nur uns
er hat die ganze erde im auge
er überschaut alles
und er meint
so könne alles gut werden

wenn wir
so rückhaltlos anfingen
wie der junge salomon
ein kind fing an ohne berechnung
und da
riskierten es auch die großen
zu teilen
das ist und bleibt
ein wunder

Wilhelm Willms

7.2 chor der getreide-grossisten auf die nachricht von der wunderbaren brotvermehrung

werft gift ins korn!
der brotpreis sinkt.
getreide türmt sich zu gebirgen.
bald gibt es brot für jedermann
auch in den ländern nebenan
auch in den ländern hintendran.
der brotpreis sinkt.
werft gift ins korn!

werft gift ins korn!
der brotpreis sinkt.
man kann sich hemd und hose leisten.
in madras werden alle satt
in recife man nahrung hat
zum erstenmal an hungers statt.
der brotpreis sinkt.
werft gift ins korn!

werft gift ins korn!
der brotpreis sinkt.
der brotkorb hängt in mundesnähe.
wer hat dem volk das brot vermehrt
und uns den preisauftrieb gestört?
warum wird er nicht abgewehrt?
der brotpreis sinkt.
werft gift ins korn!

Josef Reding

7.3 Gedenkstein in der Sahelzone

Hier gab es keine Speisung der Fünftausend.
Keinen mit fünf Broten und zwei Fischen.
Keine Hand, die segnete und austeilte.
Keinen, der satt wurde.
Keinen, der ein Wunder beschrieb.
Nicht einmal einen, der aus Steinen
Brot zu machen riet:
Selbst der Satan blieb aus
an diesem ganz gewöhnlichen Tag
unter der gnadenlosen Sonne
der Wüste Sahel.

Lothar Zenetti

7.4

Man sagt mir
er soll keinen vater haben
er macht gesund ohne rezepte
aber ist überliefert auch für wie lange

Ein krankenhaus gegen den aussatz
mit labor
ist mehr wert
als seine liebenswürdigen anfänge
und die neue sorte weizen
die unempfindlich dem sande trotzt
ist sie nicht eine schönere geschichte
als die von zwei fischen
für fünftausend
was ist besonderes an ihm
was zeichnet ihn aus
und wer

Dorothee Sölle

7.5

Vuminkosi Zulu, Jesus ernährt die Menge

7.6 Nie hatte er gelernt

Nie hatte er gelernt
um Brot zu beten
aber mühte sich ab
in Wüstenhitze
und rinnendem Sand
Brunnen
des Lebens
zu graben.

Als Wasser rieselten
Halme grünten
Aehren
nach Brot
zu duften begannen
legte man ihn
abgekämpft
ins frühe Grab
am Rand der Aecker
ihn
den Brotvermehrer
für hungernde Brüder

Clarita Schmid

7.7 Theologie – aber was umhimmelswillen macht ihr denn da?

Der heilige augustinus letzte woche
erklärt die erbsünde als eine korrumpierung des willens
die ignoranz und schwäche mit sich bringt
seit über 90 tagen streiken die bergarbeiter
dank unserer medien
sind uns die gründe unbekannt
dank unserer erziehung
wissen wir nicht was tun

Streikende farmer haben diese woche
ihre wagen vollgeladen
ein zug von zwei kilometern und
fleisch aus texas
mehl aus kansas
käse aus wisconsin
zu den bergleuten gebracht
„wir wollen sie wissen lassen
daß wir hinter ihnen stehen“

Auf der titelseite der zeitung ist ein foto
lebensmittelpakete von farmern zu bergarbeitern
es ist nicht möglich zu unterscheiden
ob die geber schwarz und die nehmer weiß sind
oder umgekehrt

Die gute botschaft von heute
handelt von fünftausend leuten
die hunger hatten und satt wurden
von zwei fischen und fünf broten

Ohne uns mit der mathematik der sache
länger aufzuhalten
lesen wir zeitung und bibel
um endlich
unsere erziehung zu überwinden

Dorothee Sölle

7.8 gnadenwirtschaft

haben
und teilen

wenig haben
austeilen

weniger haben
mehr austeilen

nichts haben
viel austeilen

in der wüste
die lustige
wirtschaft

wo das wort
zum wirte
geworden

bis alles verteilt
und alle gehabt

Kurt Marti

7.9 Die wunderbare Zeitvermehrung

Und er sah eine große Menge Volkes,
die Menschen taten ihm leid, und er redete
zu ihnen von der unwiderstehlichen Liebe Gottes.

Als es dann Abend wurde, sagten seine Jünger:
Herr, schicke diese Leute fort,
es ist schon spät, sie haben keine Zeit.

Gebt ihnen doch davon, so sagte er,
gebt ihnen doch von eurer Zeit!

Wir haben selber keine, fanden sie,
und was wir haben, dieses wenige,
wie soll das reichen für so viele?

Doch war da einer unter ihnen, der hatte wohl
noch fünf Termine frei, mehr nicht, zur Not,
dazu zwei Viertelstunden.

Und Jesus nahm, mit einem Lächeln,
die fünf Termine, die sie hatten,
die beiden Viertelstunden in die Hand.
Er blickte auf zum Himmel, sprach
das Dankgebet und Lob,

dann ließ er austeilen die kostbare Zeit
durch seine Jünger an die vielen Menschen.

Und siehe da: Es reichte nun das wenige für alle.
Am Ende füllten sie sogar zwölf Tage voll
mit dem, was übrig war an Zeit,
das war nicht wenig.

Es wird berichtet, daß sie staunten.
Denn möglich ist, das sahen sie,
Unmögliches bei ihm.

Lothar Zenetti

[11] *Gib uns heute unser tägliches Brot*

Matthäus 6,11

7.10 Unser tägliches Brot

Unser tägliches Brot
gib uns heute
damit wir nicht nur
für Brot uns
abrackern müssen
damit wir nicht
von Brotgebern
erpreßt werden können
aus Brotangst
gefügig werden

Kurt Marti

7.11 Unser täglich Brot

Es ist früh, wie jeden Morgen,
Kinder streiten sich mit Hunden
um Mülltonnen.
Alles wird durchgewühlt,
'rein und 'raus,
Speisereste aus dem Müll,
sie teilen sich mit Hunden
das verfaulte Brot aus dem Müll.
Eine Hundewelt
ohne Herz.
Das ist die Art und Weise, die Gott gefunden hat,
das Gebet
dieser armen hungrigen Kinder:
„Unser tägliches Brot gib uns heute“
aufzunehmen.

An diesem Tag, nein,
in dieser Woche
war das Brot auf unserem Tisch
nicht mehr das alte.
Bitter war das Brot,
voller Lästerungen der Armen,
die für Gott Bitten sind.
Und erst dann wurde es süß und gut,
als es geteilt wurde
mit den hungernden
Kindern und Hunden.

Leonardo Boff

7.12

Schwimme, wer schwimmen kann, und wer zu schwach ist,
gehe unter

George Grosz

7.13 Das Sakrament in den Armen

Irre ich mich, o Herr?
Ist der Gedanke eine Versuchung?
Du treibest mich ständig
hinzugehen und zu verkünden,
daß es notwendig ist, ja dringend,
von deiner Gegenwart im Sakrament
überzugehen
zu deiner anderen Gegenwart,
einer ebenso realen,
im Abendmahl des Armen.
Die Theologen mögen's erörtern.
Tausend Unterscheidungen werden sie
vorbringen.
Aber wehe dem, der sich von dir nährt
und dann keine offenen Augen hat,
um dich zu entdecken,
wie du dir im Müll deine Nahrung
suchst,
von überall verstoßen,
wie du unter unmenschlichen
Bedingungen,
unter dem Zeichen
völliger Unsicherheit lebst.

Dom Helder Camara

14 Und als der Taunebel aufgestiegen war, siehe, da lag
auf dem Boden der Wüste etwas Feines, Körniges, fein
wie der Reif auf der Erde. 15 Als die Israeliten es sahen,
sprachen sie zueinander: Was ist dies? Denn sie wußten
nicht, was es war. Da sprach Mose zu ihnen: Das ist das
Brot, das euch der Herr zu essen gibt. 16 Und das ist's,
was der Herr gebietet: Sammelt davon, ein jeder, so viel
er braucht; einen Gomer auf den Kopf sollt ihr nehmen,
nach der Zahl eurer Seelen, ein jeder für seine Zeltgenos-
sen. 17 Und die Israeliten taten so und sammelten, der
eine mehr, der andre weniger. 18 Als man es aber mit dem
Gomer maß, da hatte der, der viel gesammelt hatte,
keinen Überschuß, und der, der wenig gesammelt hatte,
keinen Mangel; ein jeder hatte gesammelt, so viel er
brauchte. 19 Dann sprach Mose zu ihnen: Niemand hebe
etwas davon bis zum Morgen auf! 20 Aber sie gehorchten
Mose nicht, sondern etliche hoben bis zum Morgen
davon auf; da verfaulte es und wurde voller Würmer und
stinkend . . .
32 Und Mose sprach: Dies ist's, was der Herr gebietet:
Einen Gomer voll sollt ihr davon für eure künftigen
Geschlechter aufbehalten, damit sie das Brot sehen, mit
dem ich euch in der Wüste gespeist habe, als ich euch aus
dem Lande Ägypten herausführte.

Exodus 16,14–20.32

7.14

nur für heute
aus dem buch des auszuges

als die juden mit mose an der spitze
ausgezogen waren aus ägypten

weg von den fleischtöpfen der
unfreiheit und sklaverei
da saßen sie plötzlich
in einer ganz neuen situation
mit der sie nicht gerechnet hatten
sie saßen in der wüste
und hatten hunger
guten hunger
gesunden hunger
und durst
guten durst
und das volk murrte gegen mose
und das volk wollte mose umbringen
warum hast du uns herausgelockt
weg von den fleischtöpfen
warum
hier in der freiheit gehen wir zugrunde

und mose hatte angst
und wußte nicht mehr ein noch aus
und er wußte nicht
ob er das volk wahrhaftig
in die freiheit oder
in den tod geführt hatte

und da sprach gott zu mose
warte hab keine angst

morgen werdet ihr brot zu essen haben
aber sag dem volk
es soll nur für einen tag
brot aufheben
nur für einen tag
nur für heute
nur einmal in der woche für zwei tage
für den sabbat mit

und was geschah
am anderen morgen lag
rund um die zelte eine weiße
brotschicht
das brot schmeckte wie honigkuchen
kleine stücke
und das volk schrie ▸ man na
das heißt auf deutsch was ist das
so hieß das brot nun für immer
manna was ist das
wo kommt das denn her
und mose befahl was gott gesagt hatte
nur für einen tag zu sammeln
aber einige aus dem volk hörten nicht
und sammelten
soviel sie kriegen konnten
am anderen morgen stanken ihre zelte
von diesem brot
das nicht mehr genießbar war
es stank und verpestete die luft
und es wimmelte von würmern
so war ihnen der wurm drin gekommen
in das gehortete brot

Wilhelm Willms

7.15 Sechsmal Manna

Und die Israeliten aßen das Manna
vierzig Jahre lang, bis sie in
bewohntes Land kamen.

Ex 16,35

Er ließ Manna auf sie regnen,
sie zu speisen,
der Wüste das Manna und gab ihnen
Himmelskorn.
Menschen aßen Engelbrot
Zehrung sandte er ihnen in Fülle.

Ps 78,24f.

Wer überwindet, dem will ich von dem
verborgenen Manna geben, und will ihm
einen weißen Stein geben und auf dem
Stein geschrieben einen neuen Namen.

Off 2,17

Ei mein Perl, du werte Kron,
wahr' Gottes und Marien Sohn,
ein hochgeborner König!
Mein Herz heißt dich ein Himmelsblum;
dein süßes Evangelium
ist lauter Milch und Honig.
Ei mein Blümlein,
Hosianna! Himmlisch Manna,
das wir essen,
deiner kann ich nicht vergessen.

Paul Gerhardt

Wir gedenken der Fische, die
wir in Ägypten umsonst aßen, der
Gurken, der Melonen, des Lauchs,
der Zwiebeln und des Knoblauchs.
Und nun verschmachten wir; es
ist nichts da, nichts als das
Manna bekommen wir zu sehen.

Num 11,5f.

Eure Väter haben in der Wüste das
Manna gegessen und sind (doch) ge-
storben; dies (dagegen) ist das
Brot, das vom Himmel herabkommt,
damit man davon ißt und nicht
stirbt. Ich *bin das lebendige*
Brot, das aus dem Himmel herabge-
kommen ist. Wenn jemand von diesem
Brot ißt, wird er in Ewigkeit leben.

Joh 6,49–51

7.16 Exodus

Als israel aus ägypten aufbrach
als die unterdrückung ein ende nahm
als sie aufhörten sich ausbeuten zu lassen
als sie die antreiber loswurden
  da hörte die sicherheit auf
  da wurde es unbequem
  da sank der konsum
das volk murrt
  wollte gott wir wären in ägypten gestorben
  als wir bei den fleischtöpfen saßen
  und hatten brot die fülle zu essen
  denn ihr habt uns in die wüste geführt
  um alle verhungern zu lassen

Als israel aus ägypten aufbrach
als die bauarbeiter nicht mehr mitmachten
und die ziegelbrenner genug davon hatten
für königsgräber zu brennen
  da war es mit dem schönen leben zu ende
  da kam unter ihnen die angst auf
  wohin sie kämen und was nun würde
das volk murrt
  hätten wir doch fleisch zu essen
  wir gedenken der fische die wir in ägypten umsonst aßen
  der gurken melonen der zwiebeln des knoblauchs
  nun bekommen wir
  nichts als manna zu sehen

Als israel die selbstbestimmung wählte
  statt der fremdbestimmung
als sie die wüste nahmen statt der wohnlichen städte
als sie die wanderschaft vorzogen der seßhaftigkeit

da kamen sie nicht in das land
von dem sie gesungen hatten
nichts war da mit milch und honig
da gab es einen langen marsch
und viele starben darüber

das volk fragt sich

wir müssen wissen was wir wollen genossen
die kaufhäuser ägyptens
oder den langen marsch durch die wüste
vierzig jahre
die permanente revolution

Dorothee Sölle

7.17 Manna – Manna

Als die Israeliten
in der Wüste
das Manna bekamen
da dachten sie
es wäre doch gut
wenn wir nicht jeden Tag
auf Gott angewiesen wären
da sammelten sie
soviel sie konnten
einer immer mehr als der andere
und legten Vorräte an
aber sie hatten nichts davon
– die Dummköpfe –
das Manna

verdarb ihnen
verdarb sie

Als der reiche Bauer
sah daß er viel geerntet hatte
da dachte er
es wäre doch gut wenn ich
noch reicher wäre
dann kann mir
nichts mehr passieren
und er baute Scheunen
so groß er nur konnte
und legte Vorräte an
aber er hatte nichts davon
– der Dummkopf hatte nicht
an die letzte Reise gedacht –
der Reichtum
verdarb ihm
verdarb ihn

Als die reichen Europäer
nach dem Krieg wieder satt
zu essen hatten
da dachten sie
es wäre doch gut
wenn wir noch mehr
aus dem Boden herausholen könnten
dann wären wir die Reichsten
und sie brachten immer mehr
Kunstdünger in den Boden
und spritzten immer mehr
Insektizide
Herbizide
Fungizide
Pestizide
aber sie hatten nichts davon

– die Dummköpfe –
die Überproduktion
verdarb ihnen
verdarb sie

Als die reichen Europäer
immer noch nicht genug hatten
da dachten sie
es wäre doch gut
wenn nach der Freßwelle
noch andere Wellen kämen
und es gab die Autowelle
die Häuserwelle
die Swimmingpoolwelle
die Weltreisenwelle
und sie arbeiteten
und schafften
und rafften
bis sie niemand mehr
neben sich sahen
nur noch all
die Sachen
die sie
unbedingt
haben wollten
– die Dummköpfe sie hatten
verlernt was man
außer Konsumieren
und Besitzen
zum Leben braucht –
es verdarb ihnen
es verdarb sie

Horst Klaus Berg

[25] Deshalb sage ich euch: Sorget euch nicht um euer Leben,
was ihr essen oder was ihr trinken sollt, noch um euren Leib,
was ihr anziehen sollt! Ist nicht das Leben mehr als die Speise,
und der Leib mehr als die Kleidung? [26] Sehet die Vögel des
Himmels an! Sie säen nicht und ernten nicht und sammeln
nicht in Scheunen, und euer himmlischer Vater ernährt sie
[doch]. Seid ihr nicht viel mehr wert als sie? [27] Wer aber von
euch kann durch sein Sorgen zu seiner Lebenslänge eine
einzige Elle hinzusetzen? [28] Und warum sorgt ihr euch um die
Kleidung? Betrachtet die Lilien des Feldes, wie sie wachsen!
Sie arbeiten nicht und spinnen nicht; [29] ich sage euch aber,
daß auch Salomo in all seiner Pracht nicht gekleidet war wie
eine von diesen. [30] Wenn aber Gott das Gras des Feldes, das
heute steht und morgen in den Ofen geworfen wird, so kleidet,
wird er das nicht viel mehr euch tun, ihr Kleingläubigen?

Matthäus 6,25–30

7.18 Lebenskunst

Nicht Propheten
und Patriarchen,
nicht die Heiligen
des Alten Bundes,
sondern Vögel des Himmels,
Lilien auf dem Felde
nannte Jesus
als Vorbild,
als er von der Kunst
des Lebens sprach

Martin Gutl

7.19 Sorgen der Satten

Nach der jetzigen Mode
sind meine Stiefel
drei Zentimeter zu kurz.
Unser neues Auto
wird vier Wochen später
geliefert.
Die Preise
für Zigaretten und Alkohol
steigen.
Fünfzig Pfennige Lohnerhöhung
pro Stunde
verlangt unsre Putzfrau
(unverschämt!).
Im Ferienort
bekommen wir nur noch
ein Zimmer ohne Dusche
und ohne WC.
Mein Fußballverein
steigt ab.
Der nächste Laden
führt nur
fünf Sorten Brot.
Vierzehn Tage
soll die Reparatur
des Fernsehers dauern.
Meine Freundin
will nicht mehr
die Pille schlucken.
Schon wieder
blieb die Schlankheitskur
ohne Erfolg.

Und das ist nicht alles.

Christa Peikert-Flaspöhler

7.20

15.
MEHR
WIR WOLLEN DEN 15 ten MONATSLOHN
MEHR GELD
15 ter MONATS-LOHN
15 LÖHNE
15 ter MONATS-LOHN
WIR FORDERN MEHR GELD
WIR WOLLEN MINDESTENS DEN 15 ten MONATSLOHN
MEHR
WIR WOLLEN MEHR PINKE HABEN!!
MEHR LOHN

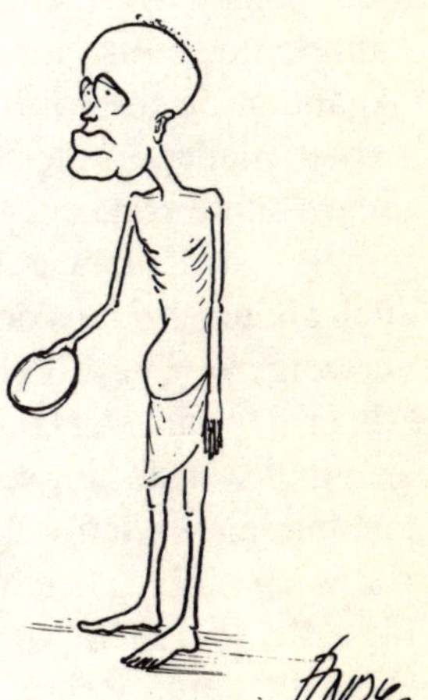

7.21

Die Sorge
um mein tägliches Brot
ist eine materielle Frage.

Die Sorge
um das Brot meines Bruders
ist eine geistliche Frage.

Nikolai Berdjajew

7.22 Die rechte Sorge

Zu denen, die ihm nachfolgen wollten, sagte er:
Sorgt euch nicht um euer Leben und darum, daß ihr etwas zu essen habt. Seht auf die Raben: Sie säen nicht und ernten nicht, sie haben keine Speicher und keine Scheunen: Denn Gott ernährt sie. Ihr aber seid mehr wert als sie.
Da meinten einige:
Er fordert uns auf, es den Raben gleichzutun. Er will, daß wir nicht planen und nicht forschen und uns auch nicht auf unsere Fähigkeiten stützen, sondern uns ganz auf Gott verlassen. Da begannen sie sorglos in den Tag hineinzuleben. Sie legten ihre Arbeit nieder, protestierten gegen den Fortschritt, nahmen unbewohnte Häuser in Besitz und bestritten ihren Lebensunterhalt mit dem, was sie erbetteln konnten. Dann riefen sie auch andere auf, aus der Gesellschaft auszusteigen und sich zu verweigern. Diese Lebensweise nannten sie alternativ.
Als er das sah, versammelte er seine Jünger noch einmal um sich und warnte sie, seine Worte anders auszulegen, als er sie verstanden wissen will. Dann sagte er zu ihnen:
Habe ich nicht, als ich von den Raben sprach, auch hinzugefügt: Ihr seid mehr wert als sie? – Darum sollt ihr etwas tun! Weil ihr keine Raben seid, müßt ihr säen, wenn ihr ernten wollt!

Walter Rupp

16 *Es kam ein Mann zu Jesus und fragte: Meister, was*
muß ich Gutes tun, um das ewige Leben zu gewinnen?
17 *Er antwortete: Was fragst du mich nach dem Guten?*
Nur einer ist „der Gute“. Wenn du aber das Leben
erlangen willst, halte die Gebote! 18 *Darauf fragte er ihn:*
Welche? Jesus antwortete: Du sollst nicht töten, du sollst
nicht die Ehe brechen, du sollst nicht stehlen, du sollst
nicht falsch aussagen; 19 ehre Vater und Mutter! *Und:* Du
sollst deinen Nächsten lieben wie dich selbst! 20 *Der*
junge Mann erwiderte ihm: Alle diese Gebote habe ich
befolgt. Was fehlt mir jetzt noch? 21 *Jesus antwortete*
ihm: Wenn du vollkommen sein willst, geh, verkauf
deinen Besitz und gib das Geld den Armen; so wirst du
einen bleibenden Schatz im Himmel haben; dann komm
und folge mir nach. 22 *Als der junge Mann das hörte, ging*
er traurig weg; denn er hatte ein großes Vermögen. 23 *Da*
sagte Jesus zu seinen Jüngern: Amen, das sage ich euch:
Ein Reicher wird nur schwer in das Himmelreich kom-
men. 24 *Nochmals sage ich euch: Eher geht ein Kamel*
durch ein Nadelöhr, als daß ein Reicher in das Reich
Gottes gelangt. 25 *Als die Jünger das hörten, erschraken*
sie sehr und sagten: Wer kann dann noch gerettet wer-
den? 26 *Jesus sah sie an und sagte zu ihnen: für Menschen*
ist das unmöglich, für Gott *aber* ist alles möglich.

Matthäus 19,16–26

7.23 Das Nadelöhr

Der reiche Mann wußte, daß es mit dem Eintritt ins Himmelreich schwierig sein werde. Eher geht ein Kamel durch ein Nadelöhr,
hat er gelesen,
als ein Reicher ins Himmelreich.
Das wird eine schmale Angelegenheit, dachte er sich, und er wußte, daß der Passierschein in den Himmel für ihn schwer zu bekommen sein würde.
Seufzend begann er, sich von seinen Dingen zu lösen, wandelte die Firma in eine Aktiengesellschaft um und ließ seinen Anteil zu Lebzeiten auf die Erben überschreiben.
Für sich selbst beanspruchte er nicht mehr als eine kleine Rente, bei der es ihm leicht fiel, eine strenge Diät zu halten, Kilo um Kilo abzunehmen, um leichter durch die enge Pforte zu kriechen, die er erwartete.
Er magerte ab, war bald so schmal wie ein Jüngling, seine Kleider schlotterten an ihm.
Gewiß, um durch ein Nadelöhr zu kriechen, reichte es auch jetzt noch nicht, aber als er starb, war er immerhin so dünn und leicht, daß die Totengräber nochmals nachschauen mußten, ob sie wirklich nicht einen leeren Sarg bestatteten.
Glücklich im Jenseits angekommen, stellte er mit Befriedigung fest, daß sein Schatten schmal und spitz war, und er sah mit Genugtuung, daß da neben ihm weit korpulentere Geister dem Himmelstor entgegenzogen. So wußte er, daß er nun ruhig nach dem Passierschein fragen konnte, und erkundigte sich, wo solche zu kriegen seien. Der Engel, der den Schattenzug begleitete, wußte nicht recht, was er meinte, und schickte ihn in die Richtung, wo er Büros und einige Schalter vermutete.
Richtig fanden sich da auch so etwas wie einfache Bürogebäude, und der Reiche fragte gleich beim ersten Schalter, wo nun die Passierscheine zu haben wären.

Aber auch hier wurde man nicht richtig klug aus seiner Frage. Man wies ihn darum zur Sicherheit ins nächste Büro, und wieder ins nächste, von Schalter zu Schalter. Endlich fand sich auch beim letzten keine Auskunft, und der Reiche war enttäuscht, entrüstet sogar.
Da war sein Betrieb schon besser organisiert, und es wunderte ihn nicht, meinte er, daß der Himmel auf Erden keine bessere Presse habe.
Er ging also wieder zurück zur Himmelsstraße. Diese war inzwischen leer. Vom Konvoi, dem er zugeteilt war, konnte er nichts mehr finden, der mußte inzwischen bereits sein Ziel erreicht haben. Aber, wo hatten denn die ihre Passierscheine her? Endlich kam er zur mächtigen Himmelstür und begehrte Einlaß. Er klopfte an die massiven Eichenwände, aber seine Hand war bereits derart dünn, daß sie kein Geräusch mehr zu machen vermochte.
Sein Klopfen tönte wie der Wind, der über die Mauer strich.
So blieb der Reiche also draußen stehen und fragte sich, was denn der Himmel gegen die Reichen habe.
Keiner hatte sich solche Mühe gegeben wie er.
Und das stimmte auch. Aber keiner hatte bisher die fixe Idee, er müsse einem Passierschein nachrennen. Man brauchte nämlich gar keinen.

Josef Osterwalder

7.24 Verkaufe alles was du hast

Verkaufe
alles
was du hast
deine Angst
deine
Hoffnungslosigkeit
deinen
Rassismus
deinen
Militarismus
deinen Überfluß
deinen Aberglauben
den Panzer
deiner Seele

Kaufe
meine
Liebe
meine
Hoffnung
mein
Vertrauen
und
folge mir nach

Charlotte Schmitthenner

7.25

»Was interessiert mich Israel, Griechenland, Chile oder Portugal, wir leben in Deutschland und hier klaut man mir die schönsten Rosen aus der Zucht!«

Zeichnung: Kurt Halbritter

7.26 mit mammon freunde machen sonst nichts

mein gott
ja
ein guter kerl ist er
da kann man nichts sagen
er will das gute
tötet nicht
stiehlt nicht
(wenigstens nicht nach dem gesetze)
hält seine eltern in ehren
seine frau auch
betrügt sie nicht mit der magd
(oder nur mit schlechtem gewissen
bereut es
bittet um verzeihung
gott und die frau)
und falsches zeugnis
meineid und lüge
sind nicht seine sache

da sagt dieser jesús
nur eins fehlt noch
verkauf deinen reichtum
deinen vorteil
deine privilegien
dein haus am see
mit dem privatufer
dem privatbad
der privatanlegestelle
und was du dafür kriegst
gib es den armen
damit die was anfangen damit
um aus ihrer armut herauszukommen

dann geh mit mir
und nach einer pause
dann gehst du bereits mit mir
hast einen schatz
der nicht rostet
im himmel
mottensicher
lachend

das war zu viel für den guten kerl
der war traurig und ging
denn er hatte zu viel

aber sie können das fragen nicht lassen
rechtfertigung wär' das einzige
was fehlt in der rechnung
daß sie aufgeht
und als er ihn trifft
ganz allein
auf der straße von petrolandia nach ibimirim
fragt er ihn
was soll ich machen nach deiner meinung
jesús
von seinem pferd herunter
der patron
von oben nach unten
du bist ein kluger mann
der nicht lügt
sag's

das ist eigentlich ganz einfach
sagt jesús
mach dir freunde mit dem ungerechten geld
gib's her
setz es ein

laß es zinsen bringen den zinslosen
für saatgut und brunnen
entpachte dein land
übertrag es gerecht

der herr macht arm und macht reich
sagt der von oben nach unten
das alte gesetz ist nicht aufgehoben

nur weißt du nicht
sagt jesús
ob dein geld vom herrn kommt oder von den armen
das ist es
du rühmst dich zu viel deiner tüchtigkeit
dein herz hängt zu sehr dran
und den ersten platz hast du nie ausgeschlagen
auch ehrerbietung
gezogener hut und in der tür stehen lassen
wenn einer mit dir redet
ist dir kein greuel
und wenn du kirchenfenster stiftest
dann legst du wert darauf
deinen namen im fenster zu finden
unten
wo man's noch lesen kann
am besten in englisch
DONATED BY
damit es die fremden auch lesen können
die leute von hier wissen es so
denen wird's ja ausgeläutet
wenn sie die pacht zahlen
die schulden abstottern
die heiden genießen sowas

wer kann ihnen arbeit geben
wenn nicht ich
sagt der von oben nach unten aus dem sattel

jaja
sagt jesús
so ist es
tüchtig bist du
das hast du vom vater
wer andere kleinhält
wächst schnell
aber denke zurück
mein freund
am anfang eines jeden geschäfts
am anfang allen gewinns
allen vorteils
steht einer
der schneidet schlecht ab
verliert
und trägt den nachteil nach hause
aber was du erworben
verwelkt
kein noch so schöner segen
hält deinen reichtum frisch
was die motten übriglassen
das fault
weil der betrug das wort verschüttet
und zwei herren sich schlecht dienen läßt
der geldgott ist eure erfindung
drum sage ich dir
wenn du schon fragst
schwer ist's für einen wie dich
in den himmel zu kommen
ich sage nur
schwer
nicht mehr und nicht weniger

du hast deinen trost schon
du weißt es
den schatz und die perle und die vielen klamotten
die nicht durchs nadelöhr gehen
das konto
die halsabschneiderpacht
deine rinder im mais der armen
du weißt es
eher geht dein gaul durch
der hat nur
was er braucht
als du mit all deinem krempel
den du nicht brauchst

da ist der mann traurig
von oben nach unten
denn er mag diesen jesús
er hört ihn gerne reden
er ist sich sogar sicher
daß er
im grunde
versteht sich
recht hat
aber verdammt nochmal
der hat nichts zu verschenken
ich
ich bin reich
denkt der vom gaul herab
sieht ihn noch einmal an
immer noch traurig
er möcht' ihn zum freund haben
weiß aber schon
wie gefährlich das ist
was er daherredet
er gibt seinem pferde die sporen
sicher

die sache mit den freunden noch einmal zu besprechen

dem fällt man bedingungslos zu
oder läßt ihn fallen
wie eine heiße kartoffel
diesen jesús

Kurtmartin Magiera

7.27 der reiche jüngling

komfort mein trost
komm fort und fort:
wie käm ich fort
kommst du mir fort?

komfort mein trost

Kurt Marti

7.28

Warum verlangst du von den Reichen, sie sollten der Welt entsagen, fragte Philippus.
Weil es sich die Armen nicht leisten können, antwortete J.

Adolf Muschg

7.29 Was kostet das Ewige Leben?

Das war ein beneidenswerter junger Mann: reich, liebenswürdig, aber auch sensibel und überhaupt nicht hochnäsig. Er ging spazieren und traf Jesus. Die Sonne schien, es war ein herrlicher Tag, der Wind strich leise über die Olivenbäume: Fiesta in Galiläa. Der junge Mann hatte schon lange eine Frage auf dem Herzen:

„Sag doch bitte“, hob er höflich an, „wie ist das eigentlich mit dem Ewigen Leben? Ich bin Kaufmann und gewöhnt, jede Sache nach ihrem Preis zu fragen – nebenbei, die Geschäfte gehen per saldo zur Zeit nicht sehr berauschend, die Besatzungsmacht drückt auf den Konsum.“ Im Orient, wo die Geschichte spielt, kommen Frage und Antwort nicht wie aus der Pistole geschossen, das heiße Klima verhindert unsere europäische Hektik.

„Die Antwort auf deine Frage nach dem Ewigen Leben“, nahm Jesus den Faden auf, „ist relativ einfach: du sollst nicht töten, auch nicht mit Worten, du sollst deinen Partner nicht hintergehen, dich nicht auf Kosten anderer bereichern, dich an keinem Rufmord beteiligen, deine alten Eltern nicht vergessen und deinen Nächsten akzeptieren.“ Während Jesus jetzt das zunehmende nachmittägliche Leben und Treiben auf der Straße beobachtet, entgegnet der junge Mann mit einem bescheidenen, aber feinen Lächeln:

„In der Tat, richtig, aber in allen diesen Punkten habe ich mir nicht das geringste vorzuwerfen, trotzdem scheint mir, das ist noch nicht alles.“

Inzwischen hatten sich ihnen ein paar Jünger und Sklaven angeschlossen, und man war an den Stadtrand gelangt, wo das Elendsviertel begann: trübe Gassen, zerrissene Wäsche auf den Leinen, ein verendeter Esel lag in der Gosse, es stank, Kinder brüllten. Ein kleiner, halbverhungerter Bengel sah Jesus an: „Bakschisch, Herr!“ – der strich ihm zärtlich durch den verfilzten Schopf; die andere Hand legte er behutsam auf

den Arm des reichen Jünglings, der fassungslos und etwas angewidert auf dieses Panorama des Elends starrte.
„Bist du eigentlich noch glücklich mit dem, was du alles hast?“ ließ sich Jesus leise vernehmen. Der junge Mann wurde blaß, machte eine formvollendete Verbeugung, gab seinen Sklaven einen kurzen Wink und entfernte sich mit schnellen Schritten.
Jesus und seine Jünger blieben zurück, keiner sagte ein Wort. Sein Eigentum wegschmeißen, als wär das gar nichts, wo gibt's denn so was? Das ist doch graue Theorie.
Jesus hatte auf einem umgekippten Karren mit gebrochener Deichsel Platz genommen, den abgemagerten Jungen auf dem Schoß: „Ja ja“, sann er vor sich hin, „das Leben, auch das ewige, ist um keinen Preis zu haben, den man per Scheck begleichen könnte, weder in reicher, noch in armer Münze. Die Güte meines Vaters ist eine geschenkte und keine bezahlte. Aber ich kriege den Gedanken nicht aus dem Kopf, wie das eigentlich wäre, wenn sich alle an unserem privaten Eigentum freuen könnten. Eigentum verpflichtet, es sollte allen dienen – liege ich denn völlig schief?“
Diese Sätze klingen etwas seltsam aus dem Munde Jesu. Sie stehen auch so nicht in der Bibel, aber – im Grundgesetz der Bundesrepublik Deutschland. Sie könnten von Jesus diktiert sein.

Siegfried Munz

7.30

Kaum waren wir ein Stück Wegs gegangen, lief uns ein junger Mann nach. Er war mir schon die Woche über aufgefallen. Immer strich er um Jeschua und hing an dessen Augen und pickte eifrig jedes seiner Worte auf. Was wollte er jetzt?
Rabbi, ich möchte dein Jünger werden. Ich will vollkommen werden. Ich habe bis jetzt alles getan, was Gebot und Gesetz vorschreibt. Jetzt möchte ich mehr tun. Sag mir, was ich tun muß, um dein Jünger zu werden!
Jeschua schaute ihn lange an, dann sagte er: Geh heim, teile dein Land auf, gib jedem deiner Arbeiter ein Stück, groß genug, daß er sich davon ernähren kann, und verschenke alles, was du hast. Dann komm!
Das Land aufteilen? Rabbi, du weißt nicht, was so ein Landgut ist. Teilt man es auf, ist's nicht mehr rentabel. So ein Besitz muß zusammengehalten werden. Und die Arbeiter, was meinst du, die überblicken doch das Ganze nicht. Ohne mich können sie es nicht bewirtschaften. Außerdem: sie wollen gar keine Änderung, sie haben es gut bei mir. Besser können sie es nicht haben. Überließe ich ihnen das Land, müßten sie, um die gleich große Ernte zu haben, das Doppelte und Dreifache schaffen, und bei Mißernten hätten sie nichts. Ich gebe ihnen Sicherheit.
Jeschua hatte still zugehört, im Sand zeichnend, dann sagte er: Viel hast du geredet und vernünftig. Geh also heim und kümmere dich um deinen Besitz. Wo dein Schatz ist, da ist dein Herz. Mein Jünger kannst du nicht werden.
Rabbi, ich will noch mehr Almosen geben, und ich will die Löhne meiner Arbeiter erhöhen. Ist das nichts?
Jeschua sagte, zu uns gewandt: Die Vernunft der Kinder dieser Welt hindert ihren Aufstieg. Seht, wie der Vogel an der Leimrute klebt!
Zu dem jungen Mann sagte er: Schau diese an, meine Jünger. Sie haben alles verlassen, was sie besaßen, und haben die große Freiheit dafür eingetauscht. Freund: eher geht ein

Schiffstau durch ein Nadelöhr als ein Besitzender ins Reich des Geistes.
Aber, Rabbi, ich ...
Jeschua schnitt ihm das Wort ab. Geh! sagte er, geh, und mach die Erfahrung, daß deinen Besitz Rost und Motten fressen, daß dir das Dach überm Kopf einstürzt, daß dein Land verwüstet wird. Vielleicht, wenn man dir deinen Besitz mit Gewalt abnimmt, begreifst du: es war Nichts.
Der junge Mann ließ den Kopf hängen, dann ging er weg, sehr langsam zuerst, dann aber lief er wie gejagt. Er entlief dem Rabbi. Sich selbst entlief er.
Jeschua schaute ihm traurig nach.
Jehuda sagte: Wenns nach mir ginge, ich hätte ihn nicht gehen lassen. Ich hätte ihm gesagt: Verpachte deinen Besitz, wenn du ihn schon nicht aufteilen und verschenken willst, und nimm den Pachtzins und bring ihn uns und bleib bei uns. Jetzt geht er hin und scheffelt weiter Geld für sich und hat halbherzige Gewissensbisse.
Auch Schimon hatte einen Einwand: Rabbi, hast du ihm nicht die große Gelegenheit versagt, sich zu befreien? Warst du nicht zu hart?
Und Jochanan sagte: Wenn Besitz Nichts ist, dann kann man Besitz haben, als hätte man nichts. Wir haben nichts und leben, als hätten wir Besitz. Ist nicht beides Täuschung: Haben und Nicht-Haben? Was einzig zählt, ist doch Erkenntnis.
Jehuda lachte ihn aus: Sag das den Bauern, die von ihrem Land vertrieben werden! Sag: das ist doch alles Nichts. Ihr könnt von nichts so gut leben wie von etwas. So gehts doch nicht. Teilen: ja. Enteignen der Reichen: ja. Aber gar nichts besitzen, Rabbi, das ist keine Sache, die man den Leuten abverlangen kann.
Jeschua sagte: Wer verlangt es von allen? Wen es nach der Freiheit der Adler verlangt, der wählt die Freiheit von Besitz. Wer lieber im Nest bleibt, der wählt den Besitz.

Luise Rinser

19 Es war aber ein reicher Mann, der kleidete sich in Purpur
und kostbare Leinwand und lebte alle Tage herrlich und in
Freuden. 20 Ein Armer aber mit Namen Lazarus lag vor seiner
Türe; der war mit Geschwüren bedeckt 21 und begehrte sich
von dem zu sättigen, was vom Tisch des Reichen abfiel;
dagegen kamen die Hunde und beleckten seine Geschwüre.
22 Es begab sich aber, daß der Arme starb und daß er von den
Engeln in Abrahams Schoß getragen wurde. Aber auch der
Reiche starb und wurde begraben. 23 Und als er im Toten-
reich, von Qualen geplagt, seine Augen erhob, sah er Abra-
ham von ferne und Lazarus in seinem Schoß. 24 Und er rief mit
lauter Stimme: Vater Abraham, erbarme dich meiner und
sende Lazarus, damit er die Spitze seines Fingers ins Wasser
tauche und meine Zunge kühle; denn ich leide Pein in dieser
Flamme. 25 Abraham aber sprach: Kind, gedenke daran, daß
du in deinem Leben dein Gutes empfangen hast und Lazarus
gleichermaßen das Böse; jetzt dagegen wird er hier getröstet,
du aber leidest Pein. 26 Und bei alledem besteht zwischen uns
und euch eine große Kluft, damit die, welche von hier zu euch
hinübergehen wollen, es nicht vermögen, noch die, welche
dort sind, zu uns herübergelangen können.
27 Da sagte er: So bitte ich dich denn, Vater, daß du ihn in das
Haus meines Vaters sendest – 28 denn ich habe fünf Brüder –
auf daß er ihnen sichere Kunde bringe, damit nicht auch sie an
diesen Ort der Qual kommen. 29 Abraham aber sprach: Sie
haben Mose und die Propheten; sie sollen auf sie hören! 30 Der
jedoch sagte: Nein, Vater Abraham, sondern wenn einer von
den Toten zu ihnen geht, werden sie Buße tun. 31 Da sprach er
zu ihm: Wenn sie auf Mose und die Propheten nicht hören,
werden sie sich auch nicht gewinnen lassen, wenn einer von
den Toten aufersteht.

Lukas 16,19–31

7.31 Die Speisung der oberen Zehntausend

Es waren aber
viele reiche Männer und Frauen
in den Wohlstands- und Überflußgesellschaften.
Die kleideten sich
in Samt, Seide und Brokat ...

Sie kannten nur bestes Essen
und waren wählerisch
bei ihren Getränken.
Und alle naselang fuhren sie in Urlaub. ...

Und sie konnten sich finanziell
fast jeden Wunsch erfüllen.

Es war aber der halbe Erdball
voller Menschen wie Lazarus,
namenlose Arme,
zur Kenntnis genommen
nur in Hungerstatistiken.
Sie lagen kraftlos und apathisch
weitab in fernen Ländern
auf Matten, auf der Straße
und im Rinnstein – ein Bündel Mensch.
...
Dennoch begehrten sie sich zu sättigen
von dem, was von der Reichen Tisch fiel.
Und das war eine ganze Menge
bei der Schleckigkeit der Reichen ...

Aber niemand gab es ihnen.
Niemand konnte überhaupt
die Verteilung der Reste organisieren,
konnte veranlassen, daß die Reichen
Anteil gaben an ihrem Überfluß.

Deshalb begehrten die Politiker der Armen auf
bei Wirtschafts- und Währungskonferenzen,
wenn es um die marktwirtschaftlichen Prinzipien
der Reichen ging,

die auf den Produkten saßen
und die Preise diktierten.

Dann waren da auch noch die Hunde.
In vielen Vororten gab es mehr als Kinder,
verhätschelt und geliebt,
dankbare Objekte.
Und die Hunde und die Katzen
erhielten mehr Eiweiß und Vitamine
als Hungernde in Elendsländern.
. . .
Es begab sich aber, daß die Armen
starben wie die Fliegen,
daß sie dahingerafft wurden,
Kinder, Junge und Alte,
von Hungersnot und Seuchen
in den Gossen von Kalkutta,
in den Sterbehäusern von Chittagong,
in Erdbeben- und Überschwemmungsgebieten.
Wenn der Morgen aufstieg,
wurden die Leichen eingesammelt
und abgekarrt.
das heißt:
Sie wurden von Engeln getragen
in Abrahams Schoß,
in die große Geborgenheit Gottes
und seine Gerechtigkeit.

Die Reichen aber starben auch,
oft schwer und langsam,
aufbegehrend in ohnmächtigem Zorn,
feilschend mit der Unausweichlichkeit.
Sie starben
an ihrer allzu üppigen Lebensweise,
an Zank und Streit,
an Überarbeitung und Streß,
an Beziehungslosigkeit und Einsamkeit,
an ihren harten Herzen.
Und sie wurden begraben mit allen Ehren
unter großer Anteilnahme.

Begraben wurden sie
in einem Meer von Blumen und Kränzen.
...
Aber die Reichen starben auch
schon lange vor ihrem Tod
und waren schon zu Lebzeiten
eins mit den Toten – wie begraben,
abwesend und zerfallend,
reduziert und erkaltet,
ausgezehrt und erstarrt.
Nur noch für sich selbst,
den kläglichen Rest ihrer Person,
waren sie da.
Den Keim des Todes in sich,
erlitten sie die Qual,
nichts zu sein
und niemand zu haben,
in dessen Schoß
sie ihren verlorenen Kopf legen konnten.
...
Und sie litten Pein
in den Flammen der Empörung
gegen Gott, Welt und Menschen.

Und sie hoben ihre Augen auf.
Endlich fingen sie an, wahrzunehmen,
und sie sahen Lazarus – von ferne,
sahen ihn in einem ganz anderen Licht,
geborgen wie in einem Schoß
und darum unendlich reich.
Und sie erblickten
die reichen Armen in den Hungerländern,
die ihr Weniges teilten
und fest zueinander hielten.

Da riefen die armen Reichen
in der Qual ihrer Einsamkeit
zu Gott:
Erbarme dich unser
und sende uns Menschen wie Lazarus,

Menschen, die Liebe erfahren
und deshalb Liebe schenken können,
Menschen, die Zeit haben,
die zuhören und verstehen können,
Menschen, die lächeln,
die ihre Gefühle nicht verstecken, nicht abtöten,
Menschen, die uns befreien
aus der Hölle, in die wir geraten sind.

So hinausgeworfen in die Finsternis,
in die Strudel der Verlassenheit,
eingespannt in ihre habgierig barbarische Welt,
hatten sie einen unsagbaren Durst
nach wahrem Leben, nach Gott.

Aber sie konnten nicht so einfach
hinüberwechseln in das Reich der Gerechtigkeit.
Denn über das alles ist
zwischen Armen und Reichen,
zwischen Mangel und Überfluß,
zwischen Leid und Gefühllosigkeit
eine große Kluft befestigt,
eine Kluft durch Wirtschaftskonferenzen,
Verträge und Geheimabsprachen,
Vergünstigungen und Schmiergelder.
Eine Kluft, befestigt
durch die Ansprüche der Satten und Üppigen:
Mir muß es noch besser gehen,
ich fordere mehr!
Eine unüberbrückbare Kluft
aus Apathie und Resignation:
Man kann ja doch nichts ändern!,
aus Zynismus und Hartherzigkeit:
Das geht mich alles gar nichts an!
Eine große Kluft, befestigt
durch Waffenlager und Divisionen
und durch ein sechsundzwanzigfaches Overkill.
Und die da wollen hinüberfahren,
die Kluft überspringen,
können nicht.

Manfred Fischer

7.32

Ernst Barlach: Gott Bauch (1920)

7.33 Lazarus vor unserer Tür

Stolpert nicht über mich,
den Lazarus, der da liegt
vor eurer Türschwelle.

Ich habe selbst schuld.

Als der Hunger noch nicht quälte,
jagte ich mit euch dem Glück nach,
schuftete ich für die volle Lohntüte,
für Pelzmantel und neues Wohnzimmer
– rustikal und in Eiche –
und für das neueste Automodell.

Was ich eigentlich wollte,
war Ruhe und Liebe.
Ich fand beides nicht,
nicht in mir,
nicht anderswo.

Nun habe ich Ruhe gefunden,
zwischen Abfall
und bellenden Hunden.
Jetzt suche ich nach Liebe.

Paul Reding

7.34

der hund
der dem armen lazarus
die wunden ableckte
war ein
reinrassiger
hochbeiniger
schmaler
edler
windhund

er hatte
einen ausgezeichneten stammbaum
und kostete
als er ins haus
des reichen mannes kam
viereinhalbtausend dm

der hund
trägt ein goldenes halsband
daran eine goldene plakette
mit nummer
und namen
salomon
heißt er
und das tier ist äußerst klug

neuerdings
versteht er
daß er in seiner position
sich von armen fernzuhalten hat

Wilhelm Willms

7.35 Der Arme und der Reiche

Als er die Geschichte vom reichen Prasser und vom armen Lazarus beendet hatte, fragten ihn einige aus der Menge: Müssen alle Reichen in der Hölle Qualen leiden? Und kommen alle Armen wie Lazarus ins Paradies?
Da erzählte er ihnen folgende Geschichte:
Es war einmal ein armer Mann, der sich nicht in Purpur und in feines Leinen kleiden und nicht Tag für Tag herrlich und in Freuden leben konnte. Er hätte auch gern von dem gegessen, was auf den Tischen seiner reichen Nachbarn stand, aber jeder dachte nur an sich und niemand wollte mit ihm teilen. Da er Tag und Nacht darüber nachsann, warum er arm sein muß, während die Reichen reich sein dürfen, wurde er von Neid erfüllt und unzufrieden.
Eines Tages beschloß er nun, alle Zukurzgekommenen und Unzufriedenen um sich zu versammeln und er erklärte ihnen: Sie sollten alle Reichen als ihre ärgsten Feinde sehen. Es sei an der Zeit, die Unterschiede zwischen Arm und Reich für immer aufzuheben. Wenn sie nur wollten, könnten sie die gerechte Verteilung aller Güter mit Gewalt erzwingen. Sie müßten nur zusammenstehen. Dann zog er mit einer unübersehbaren Schar von Armen zu den Reichen und forderte sie auf, entweder ihr Leben oder ihre Güter herzugeben. Da gaben die Reichen aus Angst um ihr Leben alles her.
Der einstmals Arme wurde so mit einem Mal sehr reich. Nun kleidete er sich in Purpur und feines Linnen und lebte Tag für Tag herrlich und in Freuden. Als er nun sah, wie die einstmals Reichen ihren Hunger gern mit dem gestillt hätten, was von seinem Tisch herunterfiel, begann er wieder, an eine ausgleichende Gerechtigkeit zu glauben, und er dankte Gott dafür.
Nach kurzer Zeit geschah es nun, daß von überall die Armen zu ihm kamen, um ihn an sein Versprechen zu erinnern: Es sollte künftig keine Unterschiede mehr zwischen den Armen

und den Reichen geben. Jeder sollte mit jedem teilen. Alle sollten Brüder werden!

Wie sehr auch die Armen sich bemühten, mit ihm ins Gespräch zu kommen, es gelang ihnen nicht. Er ließ ihnen durch einen seiner Diener sagen:

Sie hätten die gleiche Chance gehabt wie er. Es sei nicht seine Schuld, wenn sie unfähig gewesen wären, sie zu nützen. Sie sollten nicht nur immer fordern. Man komme nur durch harte Arbeit zum Erfolg.

Dann drohte er ihnen:

Sie sollten sein Grundstück endlich räumen. Er mache sonst von seinem Recht Gebrauch und lasse sie mit Gewalt entfernen.

Einem seiner Hörer gefiel diese Geschichte nicht. Er sagte zu den Leuten:

Er behauptet, viele Arme würden, wenn sie Güter hätten, nicht besser als die Reichen damit umgehen!

Walter Rupp

23 Zu allen sagte er: Wer mein Jünger sein will, der verleugne
sich selbst, nehme täglich sein Kreuz auf sich und folge mir
nach. 24 Denn wer sein Leben retten will, wird es verlieren;
wer aber sein Leben um meinetwillen verliert, der wird es
retten. 25 Was nützt es einem Menschen, wenn er die ganze
Welt gewinnt, dabei aber sich selbst verliert und Schaden
nimmt? 26 Denn wer sich meiner und meiner Worte schämt,
dessen wird sich der Menschensohn schämen, wenn er in
seiner Hoheit kommt und in der Hoheit des Vaters und der
heiligen Engel.

Lukas 9,23–26

7.36 Verlust und Gewinn

23 Wer für richtig hält, was ich sage, und so leben will wie ich,
muß bereit sein, zu all den unvermeidlichen Schwierigkeiten
täglich auch noch freiwillig Lasten auf sich zu nehmen. 24 Wer
nur auf Erhaltung seines biologischen Wohlergehens, auf sein
soziales Prestige und seinen Besitz bedacht ist, wird nicht
wirklich „leben“. Wer aber mir vertraut und nach meinem
Beispiel dies alles zurückstellt – der wird die Kraft haben,
ganz er selbst zu sein.
25 Was nützen einem Menschen alle äußeren Erfolge, wenn er
dabei sich selbst nicht treu bleibt. 26 Wer sich scheut, meinen
Weg zu gehen, wird auch an meinem Glück keinen Anteil
haben.

Rudolf Kautzky

7.37 Begegnungen

Ich traf einen jungen Mann,
kerngesund, modisch gekleidet, Sportwagen,
und fragte beiläufig, wie er sich fühle:
Was 'ne Frage, sagte er, beschissen!

Ich fragte, ein wenig verlegen,
eine schwerbehinderte ältere Frau
in ihrem Rollstuhl, wie es ihr gehe:
Gut, sagte sie, es geht mir gut.

Da sieht man wieder, dachte ich
bei mir, immer hat man
mit den falschen Leuten Mitleid.

Lothar Zenetti

7.38 So mancher Gewinn verkehrt sich in Schaden

Was hülfe es dem Menschen,
wenn er die ganze Welt gewönne
mit Kindergarten und Vorschule,
mit Intensivierung der Feinmotorik,
mit Mengenlehre und Förderunterricht,
mit permanenter Ausbildung,
musikalisch und sportlich
und zu Hause in allen Theorien,
und er nähme doch Schaden an seiner Fähigkeit,
zu lieben und die eigenen Interessen zurückzustellen
zugunsten eines Schwächeren,
wie Jesus gelehrt hat?

Was hülfe es dem Menschen,
wenn er die ganze Welt gewönne,
aber nur am Bildschirm und im Fernsehsessel?

Was hülfe es ihm,
wenn er Berichte aus aller Welt,
Magazine und alle politischen Diskussionen verfolgte,
was hülfe es ihm,
wenn er sich über das Unrecht empörte,
aber nur zu Hause und mit der Faust auf dem Tisch,
und er nähme doch Schaden an seinem Charakter,
die menschliche Pflicht versäumend:
für Gerechtigkeit einzutreten
durch Initiativen, Opfer und politisches Engagement,
ohne daß er auch Schaden nähme an seinem Glauben?

Was hülfe es dem Menschen,
wenn er die ganze Welt gewönne,
aber nur als Tourist und Sommerfrischler?
Was hülfen ihm alle Reisen in fremde Länder
und andersartige Verhältnisse,
und er nähme doch Schaden an seiner Fähigkeit,
Kontakte zu knüpfen mit Ausländern,
mit den Fremden in seiner Nachbarschaft?

Was hülfe es dem Menschen,
wenn er die ganze Welt gewönne nur für sich,
und er verlöre den Nächsten,
den Gott ihm gegeben hat?

Was hülfe es dem Menschen,
wenn er die ganze Welt gewönne,
die Welt der Stimmungen, Töne und Farben,
die Welt der Entrückungen,
Ekstasen und dämpfenden Schleier,
was hülfe es ihm,
wenn er die Welt gewönne in Träumen und Illusionen,
im Rausch, in Absencen und Trips,
und er nähme dabei nur Schaden
an seinem Leben und seiner Gesundheit,
an sich selbst und an seiner Freiheit,
die Gott ihm gegeben hat?

Manfred Fischer

16 Und er erzählte ihnen folgendes Beispiel: Auf den Feldern eines reichen Mannes stand eine gute Ernte. 17 Da überlegte er hin und her: Was soll ich tun? Ich weiß nicht, wo ich meine Ernte unterbringen soll. 18 Schließlich sagte er: So will ich es machen: Ich werde meine Scheunen abreißen und größere bauen; dort werde ich mein ganzes Getreide und meine Vorräte unterbringen. 19 Dann kann ich zu mir selber sagen: Nun hast du einen großen Vorrat, der für viele Jahre reicht. Ruh dich aus, iß und trink, und freu dich des Lebens! 20 Da sprach Gott zu ihm: Du Narr! Noch in dieser Nacht wird man dein Leben von dir zurückfordern. Wem wird dann all das gehören, was du angehäuft hast? 21 So geht es jedem, der nur für sich selbst Schätze sammelt, aber vor Gott nicht reich ist.

Lukas 12,16–21

7.39

das gleichnis vom reichen mann
den drei gute ernten übermütig machen
der rentier in der hauptstadt
in sao paulo
in rio
der spieler
die bequemlichkeit im rücken
läßt andere schuften
andere verwalten
die dreckarbeit tun
fertigwerden mit aufmüpfigen pächtern
hungerbäuchigen kindern
schreienden halbwüchsigen
die sich zu tode langweilen in der sonne
am morgen
am mittag
am abend
hauptsache das konto ist ausgeglichen
die hände sind sauber

geheizt der swimmingpool für jeden schauder
der kalt über den rücken läuft

ruh aus
iß
trink
laß dir's wohl sein

TOR
TOR
DREIMAL TOR
(NICHT IM STADION!)
DU

das auto
das dich überfährt
ist schon aufgetankt
biegt schon um die ecke
parkt schon vor deiner haustür
schon wird deine todesanzeige ausgeheckt
von deinen kindern
von deinen frauen
die pistole ist schon geladen
die schlinge ist schon geknüpft
das urteil schon unterzeichnungsreif

sammle dir einen schatz
der nicht alt wird
der nicht versiegt
an den kein dieb will
keine motte
kein neider
kein rost
kein erbe
niemand
im beutel
der nicht alt wird
nicht reißt
sammle werke für die andern
die nimmt dir keiner

Kurtmartin Magiera

7.40 Die falsche Selbstsicherheit

Einmal erzählte er denen, die so tun, als wären sie Herren ihres Lebens, folgendes Beispiel:
Auf den Feldern eines reichen Mannes stand eine gute Ernte. Es ging ihm gut, aber er war unzufrieden, weil er neidisch auf die anderen schaute, die mehr Felder hatten und eine noch reichere Ernte einbringen konnten.
Er überlegte deshalb hin und her:
Was soll ich tun, daß auch ich habe, was die anderen haben? Wie kann ich zu einer noch ertragreicheren Ernte kommen?
Dann arbeitete er Tag und Nacht und gönnte sich keine Ruhe mehr. Hatte er ein Feld erworben, suchte er ein neues zu erwerben.
Als er schließlich sehr reich geworden war und sich viele Knechte leisten konnte, so daß er es sich hätte leisten können, selbst nicht mehr zu arbeiten, wurde er sehr krank.
Da sagte er zu sich:
Jetzt mußt du deine Gesundheit zurückgewinnen. Dann suchte er die besten Ärzte des Landes auf und versprach ihnen überreichen Lohn, wenn sie es fertigbrächten, ihn gesund zu machen.
Da sprach Gott zu ihm:
Du Narr! Erst hast du deine Gesundheit geopfert, um Reichtum zu erwerben, und jetzt opferst du deinen Reichtum, um deine Gesundheit zurückzuerhalten. Du hättest wissen müssen, daß du sie nicht wie eine Ware kaufen kannst. Sie ist ein Geschenk. Behalte deinen Reichtum, ich weiß damit nichts anzufangen.

Walter Rupp

7.41 das herz zappelt im gold

es wird von einem mann erzählt
der sammelte schätze
sammelte
sammelte
und er war geizig
und gab keinem was
und der mann
starb

und er hinterließ
seinen erben
eine geheimnisvolle kiste
eine große
aus dicken eichenbohlen gezimmert
mit einem riesenschloß

sie war verschlossen die kiste
der schlüssel fand sich nicht
offenbar hatte er
der verstorbene ihn zu gut versteckt
oder hatte er den schlüssel etwa mit
ins grab genommen

man brach die kiste auf
und
was sieht man
eine kiste
voll mit goldstücken
und auf den goldstücken
zuckt und zappelt und springt
ein lebendiges menschenherz
ein lebendiges menschenherz
zappelt
und zuckt

und springt
in seinem himmel herum
oder ist es die hölle

wo dein schatz ist
da wird auch dein herz sein
jeder bekommt seinen himmel
seinen privathimmel
privatgrab
privathimmel
ganz privat
ganz für uns
ganz allein für uns
vorsicht
wo unser schatz ist
da wird auch unser herz sein
überlegen wir doch
wo unser herz ist
vielleicht zucken und zappeln
wir jetzt schon
in unserem privathimmel
in unserer privathölle
vielleicht läßt sich noch was machen
vielleicht ist noch was zu machen
herauszukommen aus unserer verpackung

Wilhelm Willms

7.42 Reich sein in Gott

was macht **R** eich?
r **E** icht reichtum?
re **I** ch ist nicht reich
rei **CH** sein hat viele gesichter

S ehen, was wirklich wichtig ist
E inander zärtlichkeit schenken
I mmer zeit für andere finden
N icht alles haben müssen

I n der familie über alles sprechen
N atur genießen

G emeinsam feste feiern
O der auch traurig sein
T eilen und
T anzen

Horst Klaus Berg

[3] Da trat der Versucher zu ihm und sagte: Bist du Gottes Sohn, so gebiete, daß diese Steine Brot werden! [4] Er aber antwortete und sprach: Es steht geschrieben:
„Nicht vom Brot allein wird der Mensch leben, sondern von jedem Wort, das aus dem Munde Gottes hervorgeht."

Matthäus 4,3–4

7.43

Nein, er steckte den Kopf nicht in den Sand.
Aus eigener Erfahrung kannte er politischen Druck
und das dürftige Leben als Flüchtling in Ägypten.
Er kannte die mühsame Arbeit für das tägliche Brot.
Die Menschen warteten auf Wunder,
an die sie nicht glaubten,
auf Veränderungen, für die ihre Hoffnung nicht reichte.
In den Sand steckte er den Kopf nicht,
aber er ging in die Wüste.
Allein . . .
Er redete mit Gott,
bevor er mit Menschen redete.
Er fastete, um zu lernen, was Brot ist.
Nach vierzig Tagen meldete sich die Versuchung,
meldete sich der große Infragesteller,
meldete sich der Teufel, wie die Bibel ihn nennt
und wie ihn jedermann kennt.
Jesus hatte Hunger, und in der Wüste gab es Steine.
„Ja, wenn du schon
der Mann nach dem Herzen Gottes bist", sagte der Teufel,
„der Sohn Gottes, den Gott lieb hat,
dann sprich,
und diese Steine hier werden Brot.
Versuch es, versuch diese Möglichkeit.
Das wird sich Gottes lieber Sohn doch leisten können.
Diese Leistung wäre einen Versuch wert.

Aus Erfahrung könnte er lernen
und die Leute würden es ihm danken."
Aber Jesus lernte nicht aus Erfahrungen.
Er handelte nicht nach erfahrenen Erfahrungen,
die er selbst bitter oder nicht bitter gemacht hatte.
Er nahm sozusagen
die Erfahrungen der Zukunft vorweg
und bedachte,
welche Erfahrungen sich
aus bedachten und unbedachten
Versuchen und Versuchungen
fortentwickeln würden.
Und er antwortete:
„Es steht geschrieben:
Vom Brot allein lebt der Mensch nicht,
sondern ebenso von jedem Wort, das Gott spricht."
Nein, er steckte den Kopf nicht in den Sand.
Er sagte nicht, daß Hungern selig macht.
Er sagte auch nicht, daß das Seelenheil
wichtiger sei, als den Hunger der Welt zu stillen.
Aber den Satten und den Mächtigen und auch anderen,
die immer noch und immer wieder fragten:
sollte Gott gesagt haben,
daß diese und jene Früchte verboten sind,
sollte er wirklich gesagt haben,
eßt nicht die Früchte auch noch vom letzten Baum,
preßt nicht noch aus dem letzten Stein
einen Marktwert,
denen sagte er es wie dem Teufel ins Gesicht,
daß der Mensch vom Brot lebt und leben soll,
aber daß der Mensch auch von Gottes Wort lebt,
das ihn lehrt, vom Brot zu leben
und andere durch das Brot leben zu lassen.
Es besteht kein Grund, in der Wüste
auch noch den letzten Stein zu Brot zu vermarkten.

Kurt Wolff

7.44

Der Mensch lebt nicht vom Brot allein,
er stirbt sogar am Brot allein,
einen allgegenwärtigen, schrecklichen Tod,
den Tod am Brot allein,
den Tod der Verstümmelung,
den Tod des Erstickens,
den Tod aller Beziehungen.

Dorothee Sölle

7.45 Nicht von Brot allein

Ich bin in Hamburg in einer Straße,
und ich halte für einen Menschen ein Brot bereit.
Hört her, wer will, kriegt das Brot, das ist keine Phrase,
für eine Stunde Arbeit. Kommt her, wenn ihr hungrig seid.

Und die Menschen fragen, was das soll,
lachen, schütteln die Köpfe: so dumm müßten wir sein.
Ihre Einkaufstaschen sind bis oben voll.
Hier arbeitet niemand für ein Brot allein.
ABER WOVON LEBT DER MENSCH
WENN ER NICHTS ZU ESSEN HAT?

Ich bin in New-York-City in einer Straße,
und ich halte für einen Menschen ein Brot bereit.
Hört her, wer will, kriegt das Brot, das ist keine Phrase,
für eine Stunde Arbeit. Kommt her, wenn ihr hungrig seid.

Und die Menschen, sie hasten vorbei.
Einer ruft: kann es für uns nicht was Besseres sein?
Da kommt schon und verhört mich die Polizei:
der ist verrückt, den lochen wir ein.
ABER WOVON LEBT DER MENSCH
WENN ER NICHTS ZU ESSEN HAT?

Ich bin in Lagos in einer Straße,
und ich halte für einen Menschen ein Brot bereit.
Hört her, wer will, kriegt das Brot, das ist keine Phrase,
für eine Stunde Arbeit. Kommt her, wenn ihr hungrig seid.

Und es bleiben bald zehn Menschen stehn,
wollen fürs Brot drei Stunden an der Arbeit sein.
Ich teile das Brot, den Hunger müßtet ihr sehn.
Ja, der Mensch lebt nicht von Brot allein.
ABER WOVON LEBT DER MENSCH
WENN ER NICHTS ZU ESSEN HAT?

Ich bin in Neu-Delhi in einer Straße,
und ich halte für einen Menschen ein Brot bereit.
Hört her, wer will, kriegt das Brot, das ist keine Phrase,
für eine Stunde Arbeit. Kommt her, wenn ihr hungrig seid.

Und es kommen hundert Menschen auf einen Schlag,
es werden fünfhundert, und ich bin mit dem Brot allein,
für das sie arbeiten wollen den ganzen Tag.
Ja, der Mensch lebt nicht von Brot allein.
ABER WOVON LEBT DER MENSCH
WENN ER NICHTS ZU ESSEN HAT?

Landfried Schröpfer

7.46

Käthe Kollwitz: „Brot" (1924)

7.47 Nicht vom Brot allein

Nicht vom Brot allein
lebt der Mensch.
Nicht vom Körper allein,
nicht von der Seele allein,
nicht von der Gnade allein,
nicht von der Natur allein,
nicht von der Bibel allein,
nicht von der Zeitung allein,
nicht von der Kirche allein,
nicht vom Fortschritt allein,
nicht von der Tradition allein,
nicht vom Geist allein,
nicht von der Mystik allein,
nicht von den Fakten allein,
nicht von der Materie allein,
nicht vom Menschen allein
lebt der Mensch.

Nicht von sich allein lebt der Mensch,
sondern von jedem Wort,
das ihm zukommt.

Nicht von sich allein lebt der Mensch,
sondern von jeder Hand.
die ihm gereicht wird.

Nicht von sich allein
lebt der Mensch
sondern von jedem Engel,
der ihm begegnet.

Martin Gutl

[23]Denn ich habe vom Herrn her empfangen, was ich euch
auch überliefert habe, daß der Herr Jesus in der Nacht, in der
er verraten wurde, Brot genommen hat, [24] und als er das
Dankgebet darüber gesprochen, hat er es gebrochen und
gesagt: Das ist mein Leib für euch; das tut zu meinem
Gedächtnis! [25]Desgleichen auch den Kelch nach dem Essen,
indem er sagte: Dieser Kelch ist der neue Bund in meinem
Blute; das tut, sooft ihr [daraus] trinkt, zu meinem Gedächt-
nis! [26]Denn sooft ihr dieses Brot eßt und den Kelch trinkt,
verkündigt ihr [damit] den Tod des Herrn, bis er kommt.

1 Korinther 11,23–26

7.48 abschied liegt in der luft

alle spüren es
jeden morgen
wenn er in der kirche redet
das geht nicht so weiter
noch strömen die leute
wie lange noch
die gerüchteküche brodelt
die berufsfrommen flüstern
weg muß der mann
haben ihn satt
versuchen
ihn reinzulegen
weiß einer
wo der sich nachts aufhält
einer weiß es immer

der abschied liegt in der luft

wie es weitergehen soll
fragen sie
ohne ihn
das geht gar nicht
wissen sie
angst vor dem ende
versagen schon jetzt
verstecken zittrige hände
wischen den schweiß ab
verschämt vor den andern
kein tag länger geht das ohne ihn
ohne sein wort
ohne seinen blick
ohne die kraft seiner stimme
ohne seine einsicht
ohne seine autorität vor den menschen

da ruft er sie zum mahl
sie sitzen zusammen
da gibt er die antwort
die keiner gleich versteht
erst später
auf dem tisch brot und wein

er nimmt das brot
sagt mattäus
segnet es
bricht es
teilt es aus und sagt
eßt
das ist mein leib

und er nimmt den becher mit wein
dankt und gibt ihn den jüngern
und sagt
trinkt alle

das ist mein blut
vergossen für viele
zur vergebung der sünden

und lukas weiß noch
tut dies zu meinem gedächtnis
hat er gesagt

und paulus schärft den korinthern ein
sooft ihr das brot eßt
sooft ihr aus dem becher trinkt
sooft verkündet ihr den tod des herrn
bis er kommt
bis er wiederkommt

aber das ist lange danach

pedro und joao und josé
sie schauen jesús an und wissen
jetzt heißt's ohne ihn auskommen
nur mit dem wort
nur mit dem brot
nur mit dem wein
bis er kommt
allein
zu zweit
zu dritt
um den tisch herum
das ist mein leib
das ist mein blut
nahrung für die liebe
die geliebt sein will
von pedro
von joao und toinha
von josé und maria
einzige kraft zum durchhalten

für den tag
für die stunde
für die minute
auf die es ankommt
zu hause und unterwegs
in der langeweile des tages
im hunger der trockenzeit
im müll der favella
in der widerrede vor dem richter
in der zelle
in der gosse
auf dem krankenbett
beim tod des kindes
in der verzweiflung der armen
in der verlorenheit der armen
in der trunkenheit der armen
im haß der armen
allüberall
in rio und ibimirim
choluteca und panama-city
allüberall
nahrung für die liebe
die geliebt sein will
brot des lebens
lebendiges brot
nehmt und eßt
nehmt und trinkt
nicht leichtfertig
aber ohne skrupel
fröhliche esser
er ist ja da
am morgen
am mittag
am abend

draußen stehen die häscher
die schläger
die büttel
die ausgehaltenen
von besitz
macht und gesetz
die buchstabierer des ich

noch weiß pedro nichts von der angst
nichts von der lüge
nichts weiß er
nichts
noch nicht

Kurtmartin Magiera

7.49

In der Nacht
da er
verraten war
nahm er das Brot
dankte
zerbrachs
und
gab es ihnen
nehmet, esset
das ist
mein Leib
Brot
für die Welt

Aber
sie gingen hin
verkauften
das Brot
für die Welt
das Brot
der Liebe
das Brot
der Armen
und
kauften Waffen
um sich
vor den Armen
vor der Liebe
zu schützen

Und er
nahm den Kelch
und sprach
dieser Kelch ist
der neue Bund
in meinem Blut
der Becher
des Gedenkens
das Blut
der Gerechtigkeit
das den Haß
und die Gewalt
überwindet
und euch
erlöst
vom Bösen

Sie aber
gingen hin
vergossen
das Blut
töteten
die Wehrlosen
die Unbeugsamen
verkauften
die Erlösung
gegen
die Endlösung

Charlotte Schmitthenner

7.50

Vuminkosi Zulu, Das Letzte Abendmahl

7.51

Die Sederfeier war längst zuende. Von den Gassen her hörte man Schritte und Reden und Lachen. Die Leute, die irgendwo zu Gast gewesen waren, kehrten heim, satt und heiter, denn Pesach war ein Freudenfest: die Erinnerung daran, daß unsre Vorväter aus der ägyptischen Fron befreit worden waren durch Mosche und die Wasser des Schilfmeeres über den ägyptischen Soldaten zusammenschlugen und Mirjam mit ihren Frauen sang und tanzte.

Jeschua wartete, bis es draußen still wurde. Dann ließ er eine frische Mazza kommen und einen großen Becher Wein. Nun brach er die Mazza in kleine Stücke und sagte: So werde ich zerbrochen, so wird alles Lebende zerbrochen, denn noch steht alles unter dem Gesetz des Todes.

Dann tunkte er ein Stückchen Mazza in den Wein und sagte. Und so wird alles wieder vereinigt, wenn ich die Erde mit meinem Blut tränke. Von da an gilt nicht mehr das Gesetz des Todes, sondern das des ewigen Lebens im Geiste.

Er aß den ersten Bissen, der mit Wein getränkt war. Dann stand er auf, ging von einem zum andern, reichte jedem ein Stückchen von der Mazza und ließ ihn dazu einen Schluck Wein trinken.

Zum Sedermahl gehören vier Becher Wein. Dieser fünfte nun: gehörte er doch noch dazu als ein Zeichen des Überflusses? Oder war er schon der erste Becher eines neuen Mahles?

Aber da war keine Zeit zum Denken, denn es geschah etwas, das vom Denken nicht erreichbar war und das alle gleicherweise erlebten, wir bestätigten es uns hernach: der Raum war kein Raum mehr, er war hinausgeweitet ins Grenzenlose, und mit dem Raum waren wir selbst aufgezehrt von einem stillen weißen Licht. Uns schien, wir seien eine unermeßliche Zeit so gesessen im Nirgendwo. Aber als Jeschua zu reden begann, merkte ich, daß ich meinen Bissen noch im Mund hatte. Nicht mehr Zeit war vergangen als zwischen Kauen und Schlucken.

Jeschua sagte: Was ihr gegessen und getrunken habt, das bin ICH, und ICH bin das Leben, das den Tod nicht kennt. So oft ihr dieses Mahl wiederholt, eßt und trinkt ihr MICH.

Luise Rinser

7.52 Jesus Christus, Brot in unsre Hand

Eine Tür steht für uns offen,
du hast sie, uns suchend, aufgetan.
Leben wächst uns zu aus deinen Händen:
BROT
Alle Körner deines Liebens, Freuens,
deines bittern Leidens
sind hineingemahlen,
alles läßt du los und reichst dich hin:
BROT

Eine neue Nähe teilt sich mit,
eint als Gabe sich dem wunderbaren Brot,
klopft, nichts fürchtend,
an die Liebe unsrer Hände.
Wenn die Hand dich annimmt,
Jesus Christ im Brot,
trennt sie sich vom Zorn der Faust,
hält nichts fest, wird frei,
wandelt sich zur Schale
und begegnet dir zugleich als Gabe.

Dir gehört ihr Strom der Zärtlichkeit,
ihre tröstende Gebärde,
ihre Geste der Versöhnung;
dir das Brot, das sie verteilte,
dir die Arbeit jeden Tages,

dir ihr Ausruhn und die Bilder,
die aus ihren Träumen keimen,
dir des Betens Stille und
die ausgehaltne Leere.

Bittend, daß du Schuld vergibst,
reicht sie dir versagte Hilfe,
den zurückgehaltnen Segen,
Geiz und Gier,
Faust und Schläge
und den eingesperrten Frieden.

Du bringst alles, was uns fehlt,
du nimmst alles, was uns drückt und
hindert,
Brot zu werden unter deinen Händen.

Jesus Christus, Brot in unsre Hand.

Christa Peikert-Flaspöhler

Quellennachweis

S. 15 Aus: Ders., aus der luft gegriffen. bausteine zu gottesdiensten mit kindern und familien. Verlag Butzon & Bercker, Kevelaer [4]1984, S. 194 f. (gekürzt); S. 20 © J. Reding, Dortmund; S. 21 Aus: Ders., Die wunderbare Zeitvermehrung. Verlag

J. Pfeiffer, München 1983; S. 28; S. 21 Aus: Dies., meditationen und gebrauchstexte. W. Fietkau Verlag, Berlin 1982, S. 11; S. 22 Aus: J. F. Thiel / H. Helf, Christliche Kunst in Afrika. D. Reimer Verlag, Berlin 1984, S. 269; S. 23 © Clarita Schmid; S. 24 Aus: Dies., fliegen lernen. Gedichte. W. Fietkau Verlag, Berlin 1980, S. 20; S. 25 Aus: Ders., geduld und revolte. die gedichte am rand. RADIUS-Verlag, Stuttgart 1984, S. 36; S. 26 Aus: Ders., Sieben Farben hat das Licht. Verlag J. Pfeiffer, München 1975, S. 130f.; S. 27 Aus: Ders., Für eine Welt ohne Angst. P. Hammer Verlag, Wuppertal ^{2}1986, S. 66; S. 28 Aus: Ders., Vater unser. Das Gebet umfassender Befreiung. Patmos Verlag, Düsseldorf ^{4}1986, S. 122; S. 29 © P.M. Grosz; S. 30 Aus: Ders., Mach aus mir einen Regenbogen. pendo-Verlag, Zürich 1981, S. 100; S. 32 Aus: Ders., roter faden glück. lichtblicke. Verlag Butzon & Bercker, Kevelaer ^{4}1982, 3.17 (gekürzt); S. 36 Aus: Dies., die revolutionäre Geduld. W. Fietkau Verlag, Berlin 1982, S. 12f.; S. 40 Aus: Ders., Loblied vor der Klagemauer. Texte. Verlag Styria, Graz, Wien, Köln ^{3}1983; S. 41 Aus: Dies., Stellenangebot. Gedichte. Lahn-Verlag, Limburg ^{2}1982; S. 42 Aus: „einige sind gleicher“. Hrsg. Deutsche Welthungerhilfe. © Andreas Locher, CH-8702 Zollikon; S. 44 N. Berdjajew, aus: Zeitschrift ru; S. 44 Aus: Ders., Erstaunliche Gleichnisse. Das Himmelreich ist wie ... Verlag Styria, Graz, Wien, Köln 1985, S. 82; S. 46 Aus: Ders., Von Senf- und Samenkörnern. Matthias-Grünewald-Verlag, Mainz 1977, S. 36; S. 48 Aus: Dies., Sammelt die Schwerter ein. Mit neuer Stimme Frieden schaffen. Verlag am Eschbach GmbH, Eschbach 1982; S. 49 Aus: Ders., Jeder hat das Recht. © C. Hanser Verlag München, Wien ^{2}1978; S. 50 Aus: Ders., Ich habe dein Gesicht gesehen. © Verlag Butzon & Bercker, Kevelaer 1975, S. 36f.; S. 55 Aus: Ders., geduld und revolte, a. a. O., S. 49; S. 55 Aus: Ders., Geschichtenweihnacht, in: W. Erk (Hrsg.), Warten auf ihn. Christliches Hausbuch für Advent, Weihnachten und Epiphanias. RADIUS-Verlag, Stuttgart 1981, S. 13; S. 56 Aus: Ders., Sie hören die Morgenandacht. Copyright © 1982 by Rowohlt Taschenbuch Verlag GmbH, Reinbek bei Hamburg; S. 58 Aus: Dies., Mirjam. S. Fischer Verlag, Frankfurt ^{5}1983, S. 115ff.; S. 61 Aus: Ders., Einmischung in innere Angelegenheiten. Quell-Verlag, Stuttgart 1980, S. 28ff.; S. 65 © Ernst und Hans Barlach GBR Lizenzverwaltung Ratzeburg; S. 66 © P. Reding, Waltrop; S. 67 Aus: Ders., der geerdete himmel. wiederbelebungsversuche. Verlag Butzon & Bercker, Kevelaer ^{7}1986, 5.4; S. 68 Aus: Ders., Erstaunliche Gleichnisse, a. a. O., S. 77f.; S. 70 Aus: Ders., Sein Programm. Neutestamentliche Texte – neu. RADIUS-Verlag, Stuttgart 1984, S. 44; S. 71 Aus: Ders., Die wunderbare Zeitvermehrung, a. a. O., S. 40; S. 71 Aus: Ders., Niedergefahren zur Erde. Quell-Verlag, Stuttgart 1976, S. 62f.; S. 73 Aus: Ders., Ich habe dein Gesicht gesehen, a. a. O., S. 41f.; S. 75 Aus: Ders., Erstaunliche Gleichnisse, a. a. O., S. 36; S. 76 Aus: Ders., roter faden glück, a. a. O., 3.10; S. 79: Aus: Ders., Ein Maulbeerbaum für die Übersicht. Neukirchener Verlag, Neukirchen-Vluyn 1980, S. 55ff.; S. 81 Aus: Dies., Die Hinreise. Kreuz Verlag, Stuttgart 1976, S. 7; S. 81 © L. Schröpfer, Heidelberg; S. 83 © VG Bild-Kunst, Bonn 1987; S. 84 Aus: Ders., Loblied vor der Klagemauer, a. a. O., S. 117; S. 85 Aus: Ders., Ich habe dein Gesicht gesehen, a. a. O., S. 60f.; S. 90 Aus: Dies., Sammelt die Schwerter ein, a. a. O.; S. 91 Aus: J. F. Thiel / H. Helf, Christliche Kunst in Afrika, a. a. O., S. 268; S. 92 Aus: Dies., Mirjam, a. a. O., S. 270f.; S. 93 Aus: Dies., Füße hast du und Flügel. Gedichte. Lahn-Verlag, Limburg ^{2}1986.